**Myths of Branding**
A Brand is Just a Logo,
and Other Popular Misconceptions

# 品牌错觉

## 打破品牌神话才能运作和管理品牌

[英] 西蒙·贝利 Simon Bailey
[英] 安迪·米利根 Andy Milligan   著

张建威 译

电子工业出版社
Publishing House of Electronics Industry
北京·BEIJING

*Myths of Branding*© Simon Bailey with Andy Milligan,2019.

This translation of Myths of Branding is published by arrangement with Kogan Page.

本书中文简体字版授予电子工业出版社独家出版发行。未经书面许可，不得以任何方式抄袭、复制或节录本书中的任何内容。

版权贸易合同登记号 图字：01-2020-1423

**图书在版编目（ＣＩＰ）数据**

品牌错觉：打破品牌神话才能运作和管理品牌 /（英）西蒙·贝利 (Simon Bailey)，（英）安迪·米利根 (Andy Milligan) 著; 张建威译 .—北京：电子工业出版社，2020.5

书名原文：MYTHS OF BRANDING A BRAND IS JUST A LOGO, AND OTHER POPULAR MISCONCEPTIONS

ISBN 978-7-121-38864-4

Ⅰ.①品… Ⅱ.①西… ②安… ③张… Ⅲ.①品牌—企业管理 Ⅳ.① F273.2

中国版本图书馆 CIP 数据核字（2020）第 050008 号

策划编辑：张振宇
责任编辑：张振宇
印　　刷：北京虎彩文化传播有限公司
装　　订：北京虎彩文化传播有限公司
出版发行：电子工业出版社
　　　　　北京市海淀区万寿路 173 信箱　　　邮编：100036
开　　本：700×1000　1/16　印张：17　　字数：270 千字
版　　次：2020 年 5 月第 1 版
印　　次：2022 年 6 月第 3 次印刷
定　　价：68.00 元

凡所购买电子工业出版社图书有缺损问题，请向购买书店调换。若书店售缺，请与本社发行部联系，联系及邮购电话：（010）88254888，88258888。

质量投诉请发邮件至 zlts@phei.com.cn，盗版侵权举报请发邮件至 dbqq@phei.com.cn。

本书咨询联系方式：（010）88254210，influence@phei.com.cn，微信号：yingxianglibook。

谨以此书

献给爸爸、KP 和咖啡因公司

你们是最棒的

西　蒙

# /序/

关于品牌的著述可谓汗牛充栋，有关品牌化的理论
和方法也不一而足。然而到头来，大多数都难脱窠臼，
多有雷同；围绕品牌化的重要性和品牌成功的关键原则
所归纳出来的结论也都大同小异、难分伯仲。人们普遍
地认为：品牌是企业的重要资产；更多的消费者对品牌
有所偏好；一致性、明晰性、关联性和差异性是支撑品
牌的基本特性，等等。

尽管就品牌的价值和意义而言，人们业已达成了高
度的共识，但在品牌的精准作用、属性和价值方面，仍
然存在许多认知上的误区。原因主要有两个方面：一是
品牌化的做法虽然早已耳熟能详，但没有形成正规化的
惯例，也没有构成公司管理的合法组成部分。相关标准
和规则尚待世界各地的专业行业协会去制定、完善并制
度化。因此，有关品牌化的理解和做法各不相同也情有
可原。二是与财会和法律比较起来，品牌在我们所有人

的生活中高度可视，如影随形。人们每天都会和品牌打交道，须臾难以分离。每个人都会根据自己的态度和生活经验去取舍予夺，或消费或回绝或艳羡。这意味着，地球人对品牌似乎都有一个说法，喜怒笑骂皆成一言。有深受媒体影响的，对消费主义的潜在影响和惟利是图公司的种种表现大为愤懑；有把品牌看成是剥削成性的资本主义经济的典型代表，比如加拿大的娜奥米·克莱恩（Naomi Klein）的言论把这个观点表现得最为淋漓尽致。

作为本书作者，在我们的职业生涯中一直致力于品牌和品牌化领域里的实践和研究。林林总总的品牌我们见多了，有好的，有坏的，还有无关痛痒和不入法眼的。无论如何，我们始终认为，品牌是有价值的，只要善加开发和管理，品牌就能创造出良好的经济和社会效益。在生活中我们看到，品牌能拉动经济的增长，刺激财富的创造，鼓励就业和增加税收，同时还能帮助人们获得所奢求、看重和需要的东西，不管是汽车还是电脑，牛奶或是房贷，旅游抑或手机……相反地，如果品牌公司的产品和服务欠佳，或与违法行为和不道德行为勾连在一起，那么通过对这个品牌说"不"，进而对该公司予以惩处，做起来也要容易得多。消费者群体中蕴藏着的这股力量，可以驱动品牌公司做出改变，从而让我们生活的世界变得更加美好。

因此，《品牌错觉》写作的视角，是基于多年来对品牌和品牌化研究的成果和与世界各地各行各业品牌所有者打交道的经验，出发点是对品牌有利于公司和消费者的一种肯定。当然，还有一点很重要，因为我自己也是品牌的消费者，我也置身其中，感同身受，这与各位并无二致。

《品牌错觉》通过梳理在品牌方面约定俗成的观点，对这些观点发起挑战，并以此为契机，把品牌化的最新研究成果公之于众。在书中，我们致力于拆穿那些盛传已久却名不副实的品牌神话，让你走出品牌认知的误区。比如说，把品牌视为识别的标志；品牌没有真正价值；品牌的存在只是为了高价销售，等等。我们还探讨当今科学技术的发展，如何对品牌产生实实在在的影响；在品牌层出不穷、后浪拍前浪的选择中，消费者对品牌的忠诚度是否有所衰退；品牌公司的不良行为会导致品牌陨落等问题。此外，我们还会关注到业内存在的一些误区，比方说，品牌对业内来讲无足轻重；没有真正好用的手段来操控品牌；消费者需要和品牌对话等。当然，我们要涉足的误区还远不止这些。上述这些被列举出来，只是希望让你对后面我们所要讲到的内容打点基础。

对于本书的结构，我们也介绍一下。这本书一开始是一个简短的导言，在这里，我们对品牌的性质以及品牌与品牌化之间的差异做了简要的介绍。紧接着，围绕着品牌和品牌化，我们选定了20个我们认为最常见、关联性最强的品牌认知错觉，这些错觉一部分由来已久，自我们从业以来就一直存在，算起来也快有30个年头了；而一部分错觉则是近期才形成的，或许是由于日趋重要的品牌面临的学术或准学术审查所致。对书中罗列的每一个品牌认知错觉的形成和现状，我们都一一加以介绍，其中大部分内容都是对这些问题的否定或带有赞同性质的澄清。也许有人会对我们在书中所得出的关于品牌错觉的结论难以苟同，还有人会觉得我们错失了一些品牌误区没有论述，但是没有关系，因为你可以通过我们对特定品牌的认知错觉的讨论，对什么是品牌、品牌如何发挥作用、它们的价值所在、我们作为顾客或消费者如何加以欣赏、公司和个人如何对品牌进行管理等问题进行思考，从而找出品牌和品牌化的规律和共性，并用此指导实践。

本书的撰写没有按线性叙事方式来展开，我们也不希望你按照这种方式来进行阅读。我们特别希望你乐于"来去自由"，不拘泥于章节顺序，而是哪个话题最令你感兴趣就径直去读那个内容，全然不必考虑其他。读罢全书，掩卷遐思，你会发现有些参考实例或案例在多个章节中反复出现，那是我们做了些稍微的改动以支撑不同的观点。此外，我们还在部分篇章结尾处所附的"延伸阅读"中，对相关书籍进行了推介，供你深入研究时参阅。

本书是为大众读者而写的，并非只考虑到专业市场营销人员的需求，虽然书中的许多概念和实例他们都耳熟能详。由于以往在营销界、实业圈特别是品牌化建设领域，人们往往喜欢用冗长、复杂的术语来解释本来已经足够抽象的概念，往往弄得大众读者一头雾水。现在，我们努力把复杂的问题进行简单化处理，尽量让这本书通俗易懂。正如我们经常对同事、客户和朋友们说的那样："品牌化不能和火箭技术相提并论，但它比火箭技术还要复杂。"

　　我们真诚希望你会享受阅读这本书，并喜欢上我们的写作风格。

# 目　录

# /导言/

## □ 关于神话和品牌

品牌是一种传奇，好的品牌更是一种神话。

《牛津词典》（*Oxford Dictionary*）给"myth"（神话、虚构）一词下的定义是："指传统故事，特别指与某个民族早期历史有关或解释自然或社会现象的故事，通常涉及鬼神或灵异事件。"在本书中，我们并未谈及超自然的力量，甚至连自然现象也没有探讨，而是借用"myth"一词，围绕品牌和品牌化的主题，对人们早已接受的司空见惯的共识进行了重新审视，进而撩开品牌神话的面纱。

在我们开始探讨之前，或许有必要对"品牌"和"品牌化"做一区分。从传统意义上讲，人们把品牌视为标志或标识符号，用法律词语来说即是"能把企业区别开来的"有形或无形资产。品牌可以像商标一样受到保护——经过多年之后，名牌、特性、颜色、声音甚至不同的包装形状都会得到保护。比如，著名摩托车品牌哈雷－戴维森甚至曾经尝试过对其独特的引擎声音寻求法律保护。

品牌所有者争先恐后地赋予他们的这些资产以特殊的意义，以此来渲染品牌的吸引力，提高消费者对产品的关注度——这一创建、管理品牌的过程常常叫作品牌化，即创建品牌的艺术和科学的独具挑战性的融合。

## □ 品牌的魅力

品牌无处不在。除了增光添彩、丰富情趣外，品牌还能帮助消费者做出购物选择。它们可以扮演甜蜜催化剂的角色，加速消费者的决策进程；还可以拉近品牌公司和消费者之间的距离，让购物富有价值和满足；甚至还能帮助一些人形成自我认同感——这一概念的核心，在一定程度上讲，就是"我们买什么，什么便是我们"！

然而，不少人似乎对打造品牌的艺术与科学持怀疑的态度，在他们眼里，做品牌的就好像做骗子一般，是品牌公司专门设计出来蒙骗世人、混淆视听的。当品牌的天平倒向公司一边，而让消费者不甘情愿地埋单时，这种观点就更甚嚣尘上，甚至还有人把全球化的困境和商业街消亡的责任归结到国际品牌和品牌所有公司身上了。

其实，品牌之所以存在，是因为它凸显了人类的天性。人们喜欢标明所有权，偏好赋予周围的东西以意义，酷爱风险低、质量有保障的产品，对能让自己与众不同的东西情有独钟，对能令自己激情四射的东西推崇备至……一句话，只要人类存在，对品牌的追求就不会终结。

## □ 这一切都是怎么开始的？

人类从何时开始创建品牌这码事儿，没人说得清楚。但是我们可以肯定，品牌创建的历史非常悠久。早期的人们，从生产用来买卖和交换的产品伊始，会在产品上面写下自己的名字，并由此留下个人的印记。因此可知，品牌就是产品所有权的标记（如牲畜身上的标记）和一种原始形式的保证——品质和出处的证明。经过上千年来的演变，品牌已经成为有形和无形的复杂组合。

早在20世纪60年代，如果你走到英国的商业街上，让消费者谈谈他们钟爱的品牌，他们可能会提及一系列消费品牌，比如亨氏、吉百利、胡佛（Hoover）和火星。可以说，品牌与战后的繁荣有着密不可分的关系，并与日益提高的生活水准和日趋兴旺发达的产品创新水乳交融。这也印证了一个事实：品牌的存在不仅仅是为了简化选择，更重要的是为质量和来源提供保证。有些品牌所有者曾经尝试着赋予他们的产品以新意。例如，闻名遐迩的大众汽车公司为其甲壳虫（Beetle）车型做"柠檬"广告，十分有趣。但是在大多数情况下，品牌还是充当标识符号——一个名字、一个身份、一条广告语、一个叮当声。

## □ 服务品牌的崛起

直到 20 世纪 70 年代末和 80 年代初，品牌的概念才真正全方位渗透到各个领域。随着商业实体的私有化、市场管制的放松以及竞争渐趋白热化，把业务加以区分的需求变得越发迫切。公用事业、电信供应商、银行、保险公司和航空公司都纷纷伸出热情的双臂，拥抱品牌的力量。当品牌所有者在争先恐后地想要在消费者心里占有一席之地的时候，广告无孔不入的影响力于是变得令人难以置信起来。广告的目的是让产品和服务充满意义，这样作为顾客的你，就可以用最彰显你个性的品牌把自己从头到脚武装起来，而购物概念的核心正是一种进行个性表达的形式。就连为产品企业服务的企业也开始意识到，拥有一个品牌对自己公司的业务来说是强有力的支撑，就是那些愤世嫉俗的人也不得不承认，"没有人会因采购 IBM 而遭到解雇"。

如今，品牌不再是一个标志或一句广告语，它还是你创造新价值的一种机会。

## □ 体验经济嵌入

在 20 世纪 90 年代和 21 世纪初，我们见证了诸多品牌不断攻城略地、充实自身，以迎接体验经济的大驾光临。随着产品的极大丰富，寻觅独辟蹊径或引人入胜的体验便成为一件颇有意思的事情。比如，英国维珍大西洋航空公司帮助顾客找到了当摇滚明星的感觉；咖啡店开辟了公司和家之间的"第三空间"；苹果公司提供了一个完整的数字生态系统；众多健身房则承诺能把你的体形变得曼妙或健硕无比。而今，品牌完全可以塑造一个崭新的你，甚至能够让你沉浸在一个品牌世界中怡然自得。

## □ 数字经济的光临

我们正置身于一场数字革命的浪潮中。这场数字革命以闪速不断刷新我们的生活品质。即时发现、比较和分享信息的能力，对企业和品牌产生了变革性的影响。今天，将品牌与支撑品牌的业务区分开来变得越来越难以实现——实际上它们已经合二为一，浑然天成。当你能对产品的价格和属性进行即时比较时；当你能查出公司的老板是谁以及他如何对待自己的员工时；当你可以即刻在网上跟帖发表你的评论时；当你能通过社交媒体平台与公司进行直接沟通时；当口碑从未像当下这般举足轻重时——品牌与企业的行为已经变得密不可分，筋骨相连。

这时的消费者已经不满足于品牌的所有者是谁、他在做什么了，消费者更多地会对品牌所有者为什么这么做产生兴趣。"目的"这一概念将消费者与品牌所有者黏合在一起。消费者会发问，你对员工说的话和你对消费者说的话能对上茬儿吗？你的行为举止在消费者眼中是真实的吗？你是否在努力消除自己的业务可能造成的负面影响？你的公司的运作和打法是否有一套清晰的思路和原则？如果品牌所有者不揣摩消费者的心态，估计你的品牌会很快面临危机了。

随着品牌的改变，品牌化的实践也相应发生了变化。从最开始拿命名、平面设计和广告的小试牛刀，演变为一整套更加宽泛的手段。如果我们说，品牌化的开始是为了帮助品牌所有者创造明确归属的一种方式的话，现在，它已经迭代成为一个操作系统，即发现原创、独特、可拥有想法的过程，目的是把员工和消费者紧密联系在一起，继而把以这些想法为依托的业务行为的各个方面都融合起来。

不管你对品牌和品牌化的看法如何，也无论你把它当成是一种人人受益的力量，还是资本主义制度摇摇欲坠的前兆，我们都希望你能在这本书中找到一些挑战你的观点或想法的东西。

你会发现我们是品牌的拥趸，这点并不奇怪。我们把品牌视作自由表达和自由企业不可分割的组成部分；品牌也日益成为对企业进行追责的一种重要方式。不过除此之外，我们还认为，品牌对人类意义深远，与人类的生活息息相关。

# 错觉 1

## 品牌不过是变相让你多掏钱

事实上，正是作为消费者的"我们"，才是最终决定在什么品牌上花多少钱的人。

## "就是买个牌子"

消费者对品牌的感觉就像萝卜与白菜，各有所爱。适合你的不一定就适合我，因此，对品牌点赞的和吐槽的都是从自身角度去评价的。对品牌不满最常见的微词是：品牌不外乎是一种营销骗局，不少品牌所有者给一个相对稀松平常的产品或服务加个标签，就可以向消费者多要钱。"就是买了个牌子"这种说法，是那些购买品牌产品后并不满意的消费者自我安慰的常用词。品牌真的是一种变着法子要你多掏钱的消费方式吗？

应该说，这种看法很有代表性，但也存在普遍打击的可能。假如你把品牌的价值局限于某个被购买的产品上，当你对产品本身并不满意时，就会有上当受骗的感觉。但实际上，品牌的价值是多重性的，不仅包括产品，也包括使用产品的满足感，因此，真正的品牌价值是寓于消费者头脑中的。正如亚马逊创始人、首席执行官杰夫·贝佐斯所说的那样："品牌就是当你不在房间时，人们对你的评价。"人们可以拥有产品的标识符号，却无法拥有品牌。

应该说，每个品牌都是独一无二的，即便有些品牌并非那么独特，在某些情况下也不是物有所值，但从整体上来讲，即使是同一类别的两个品牌，在定义上也不可能完全相同。因为品牌的创立和维护要付出的投入各有不同，给消费者的感觉也会有所差异。

企业品牌化投资的真正原因，是品牌所有者知道，只要品牌建设做得好，便会产生有效市场需求并能够在一定程度上维持住消费者的忠诚度，进而反过来推高收入并保有利润。良好的品牌也有助于降低风险。在跌宕起伏的经济周期里，创建并经营良好的品牌（尤其是经过数十载考验而长盛不衰的品牌），本身就孕育着跑赢市场的机会。实际上，品牌的内在优势会从一开始便凸显出来。

当然，品牌所有者试图利用消费者的例子也不胜枚举，但在大多数情况下，炒作出来的品牌的生命力如昙花一现，难以为继。这里有个典型的例子。20世纪90年代初，曾任英国大型珠宝公司拉特纳斯集团首席执行官的杰拉尔德·拉特纳，在付出了高昂的代价后才发现，消费者不喜欢被玩世不恭地操纵。在一次会议上，这个脑洞大开的首席执行官居然承认拉特纳斯的产品存在某些质量问题，并暗示集团的其他产品都是"垃圾"，这实际上等于他亲手葬送了自己的珠宝品牌。等他醒悟过来时，他的同名商店似乎已经无路可退。也许他的本意是想表达他有能力解决产品质量问题，但他太过于高估消费者对这个品牌的信任了，结果一夜之间他就沦为了犯傻的代名词。不久，杰拉尔德被炒了鱿鱼。

让消费者吃亏的交易总是存在的，从假冒伪劣产品的重新贴标（仿冒），到愤世嫉俗地利用现有品牌资产（重新标识），品牌陷阱多如牛毛。但从长远来看，这种情况都是不可持续的。即便再好的高仿产品，也终究会遇冷。消费者并不傻，对这种出身不正宗的品牌在购买时会有自己的判断力的。

品牌所有者要记住，追求不合理的溢价或厚颜无耻地蔑视消费者的品牌，生命力绝对不会长久。

事实上，正是作为消费者的"我们"，才是最终决定在什么上花多少钱的人。

"万宝路星期五"事件恰好说明了这一点。1993年4月2日，正好是星期五，菲利普·莫里斯公司一夜之间决定将万宝路（Marlboro）香烟的价格降低20%。菲利普·莫里斯公司之所以这样做，是因为他们意识到，自己的产品实际上已经达到了价格上限，如果不调整价格，自己的市场份额会被更廉价的品牌所蚕食。由于价格跳水，菲利普·莫里斯公司的股价下跌了 26%，其他消费品牌也未能幸免，都受到了类似的波及。许多评论人士把这看作是"品牌作死"的行为。这一事件表明，准备花多少钱最终还得由消费者来决定。

## 心理满足感

实际上，品牌的价高并不意味消费者不会掏腰包，关键要看消费者的个人体验度。只要产品或服务达到可接受的质量门槛，消费者就很可能愿意为他们认为质量更高、更具特色或更有吸引力的品牌，或者是他们认为真正与众不同的产品支付更多的费用。也就是说，在一定程度上，消费者购买品牌的心理满足感会远远大于对产品本身的需求。

我们把这个理念和一个特定类别的产品结合起来分析一下。

一个想购买高端奢侈品手提包的消费者和一个想购买个性皮箱的消费者，虽然他们消费的理由和投入的价格考虑不一样，但有一点是相同的：他们都不太可能真正具备检验产品内在质量方面的知识。比如，他们明白如何去评价皮革和缝线的质量吗？他们会对不同工匠的不同制作方法或技术了如指掌吗？他们清楚什么样的包面能确保耐久实用吗？相信对这些问题的回答，大多消费者都可能是"不清楚"。实际上，消费者选择购买奢侈品手提袋或者个性皮箱，很可能是从颜色、设计和品牌偏好等综合因素来考量的。而产品值什么价，必须是产品质量达到可以（表面上）支撑价格溢价的标准。不管是奢侈品手提包还是个性皮箱，产品设计和品牌打造都需要大量的投入，这种投入包括箱包设计的独特性、箱包的相对稀缺性、广告质量、精心安排的名人代言和后续的社交媒体活动、字斟句酌的文案设计、零售（实体店或在线）体验，甚至还有包装质量等。购买奢侈品手提袋和个性皮箱，就等于把自己与一个非常具体的品牌系列联系在一起。只有消费者的购买心理或情感上的价值胜过产品本身，他们才会舍得掏钱，因为这是对自我价值或身份的一种肯定。

同样的情况也发生在汽车市场上。汽车制造的技术含量高，又涉及安全问题，消费者购买时往往会做理性的决策。假定汽车的质量、可靠性和耐久性与其定价大体一致，消费者很容易接受汽车品牌的定价。通常情况下，汽车的价格越贵，意味着质量就越高。一些消费者会猜想，那些不太可靠的汽车品牌做起营销来该有多难。但事实证明情况并非如此，因为汽车的质量和可靠性在整体上有了很大的改观，消费者所预想的直接关联已经不复存在了。在可靠性方面，宝马、奔驰和路虎等高端制造商往往落后于亚洲中端制造商的同行，但这对其整体销售业绩并没有真正明显的影响。设计、性能、价格和最重要的形象，对汽车的销售影响很大。

## 价格敏感性

物以类聚，人以群分，不同客户群的价值取向也不尽相同。有的消费者可能觉得，先支付 1000 英镑购买最新款苹果手机购买权的想法不可思议，而有的消费者宁愿为此在苹果专卖店外排上一整夜的长队，所有这些都取决于消费者认为什么是重要的。如果消费者看重苹果手机那直观的界面、无缝的连接、优雅的设计，以及拥有最新一代智能技术所带来的那种荣耀感，那么，他们会认为苹果手机的定价是合理的；如果消费者更在意别的手机制造商所提供的自由度、灵活性和低廉的价格，对这类消费者来讲，苹果手机看上去就不那么诱人，而且还贵得要命。

市场调研机构凯度华通明略（Kantar Millward Brown）在其所写的一篇文章中，提到了德勤会计师事务所最近的一项调查。该调查显示，并非所有消费者对价格的敏感度都是一样的。例如，在德勤的调查中，32%的受访者属于"不差钱顾客"，这一群体往往对品牌最为忠诚，对价格最不敏感。

产品类别对消费者的重要性，决定他们对价格的敏感程度，但在任何产品类别中，不同类型的消费者会表现出不同程度的价格敏感性来。

苹果公司的定价，使得公司能够在创新研发和产品设计上投入大量资金，但反过来，此举也能让消费者放心，他们买到的东西货真价实。这种做法放之四海而皆准。比利时的时代啤酒之所以能够坐享溢价，是因为它投入了大量资金，让自己的品牌看起来更令人渴望；墨西哥多瑟瑰牌啤酒也通过此法实现了异曲同工之妙。人们似乎往往对"贵得让人放心"品牌感到更放心。

## 理由不变，溢价就将持续

当品牌在购物决策中所起的作用微不足道时，品牌等于多收费的观点在消费者中就有较大的市场。拿燃油零售来佐证一下。不少消费者给车加油或买油时，喜欢经常去某个"点儿"。我们观察到，消费者不见得都是冲这个"点儿"的燃油好或服务态度好才总去那里，更多的是采购位置方便而已。对于普通司机来说，只要发动机能够工作，加了什么油、油的质量好坏他们是很难做出准确评估的。于是，这种情况无形中支撑了这样一个观点，即所有燃油本质上都是一样的；大型分销商（品牌供应商）实际是在沆瀣一气，图谋让大宗商品的价格居高不下，维持在不必要的高位上。

20 世纪 80 年代末，一家大型连锁超市决定停止销售诸如英国石油、埃索（Esso）等品牌的燃油，改为销售自有品牌的燃油（如特易购、英佰瑞等），价格比较便宜，很多消费者利用每周的购物时间去那里把油加满，花的钱比品牌供应商的少。在这里，消费者和超市追逐的是品牌价格的经济性，因为品牌供应商把握燃油的定价权，超市无法决定燃油的溢价；对消费者来说，同一产品类别在无法区分好坏的情况下，能少掏钱就少掏钱。

然而到 2007 年，《汽车》（*Autocar*）杂志报道，成千上万的顾客受到特易购和莫里森加油站销售的劣质燃油的影响，因为这些燃油对发动机性能产生了负面作用，甚至还有对顾客的车辆造成了永久性的损害。这一问题的源头追踪到了艾塞克斯郡（Essex）的一个独立储油点，销售人员在不经意间向顾客出售劣质低等燃油。原因是，大品牌供应商提供的燃油质量好但价钱比较高，而且销售时也没有让利。为了增加销量，加油站同意其他供应商提供价格低廉的燃油，只要燃油的最低性能符合标准，而消费者也无法判断品牌燃油与劣质燃油的区别，都在趋之若鹜地购买便宜的燃油。当然，这些麻烦最终得到了解决，问题得到了纠正，但是，怀疑的种子却播撒了下去。因此，每升多花几便士的钱可能真的是值得付出的，尤其是如果你很在意自己的爱车，或者喜欢开娇气的高性能汽车的话。

这一事件也给品牌供应商提了个醒，在继续加大对新的燃油添加剂和衍生产品投入力度的同时，不仅要考虑消费者的发动机性能，还要改善燃油的经济性，让更多的消费者用得起他们的品牌燃油。而品牌销售商如果能增加一些附加的服务那就更棒了：用品牌供应商的油，同时赠送一些杂货和一杯像样的咖啡，这样消费者也许不会介意为购买的燃油多付一点钱。这些改进可能微不足道，不易察觉，但至少证实了一点，溢价是品牌的标识，要想保持溢价，品牌所有者就要有过得去的理由。

## 要经常准备支付差额

有时候，一个品牌看起来或感觉起来与竞争品牌极其相似，但消费者也可能愿意支付更多的费用，就是因为这个品牌选择的行为方式不同。

有一件事情经常为人们所忽视，那就是与知名度较低的杂牌相比，超级大的品牌往往备受瞩目，人们对它们的要求也格外地高，它们实际上成了类别产品的标杆和旗手。当你买一双耐克运动鞋时，你是在为设计、材料、形象和赞助投资，也是在为整个供应链投资。为了继续发展业务，耐克需要承担更加宽泛的社会责任。它必须对供应商做出规范，确保承包商遵守具体要求，并公平地向工人支付薪酬。国际品牌商都深知，必须将良好行为纳入其商业模式，因为消费者对这种行为的期望值越来越高（而且这样做非常正确）。耐克也清楚，有些消费者对他们的品牌青睐有加，好不容易才攒足钱来购买他们的产品，因此，他们不能、也不应该把消费者的消费看成是理所当然的事，这也是他们对当地社区进行投资回报的原因。

技术的广泛运用使得竞争对手对产品或服务优势的复制轻而易举，迫使品牌公司试图越来越多地借助体验的力量来让自己独树一帜、与众不同。那些提供令人难忘或独辟蹊径的体验的品牌总能脱颖而出，成为消费者热议的对象。竞争对手要复制独特的品牌体验，尤其是对手个性文化驱动体验，难度无疑要大得多。以这种方式建立竞争优势的企业很多，比如维珍大西洋航空公司、英国大都会银行、虚拟运营商吉夫葛夫、星巴克、苹果和亚马逊等。通过摸清什么是消费者心中真正的重中之重，这些企业已经制定出独具特色的举措，进而共同打造独具魅力的品牌体验。通过做出有目的选择，许多情况下，这些企业不仅能够建立强势品牌，而且还能保持价格竞争力。

没错，同一种产品，有些企业会用不止一个品牌来销售，但这种情况很少出现在同一国家或地区。例如，同一种汽车在不同国家或地区销售时，汽车制造商偶尔会重新进行标识，但这通常与特定的市场背景有关，比方通过较大规模的并购而获得的品牌。这种情况鲜有欺诈企图。

## 请信赖品牌吧

有一类产品相同（或至少非常相似），却通常会用品牌来向消费者收取更多的费用，这就是药品。

药品是一种极为特殊的产品，研发投入多，所以当某种药品最初获得生产许可时，开发该药品的企业也将随之获得一项有固定期限的专利。这种安排（视药品种类而定）使得企业能够对药品在一段时间内可以独家销售，收回其在研发方面的投资，并从中获利。然而，专利终将到期，届时竞争对手会生产仿制的药品。这种做法在非处方药品方面颇为盛行。以布洛芬（一种非甾体抗炎药）为例。1969 年，布洛芬首先作为一种处方药在英国开始使用，后来获得了许可，随后还开发出许多知名的非处方药品牌，其中最著名的品牌之一是努乐芬，如今它已然成了身价 10 亿美元的品牌。最终，布洛芬成为仿制药制造商的仿制对象，这就造成了我们今天面对的状况——同一种药品，你可能会多付出三倍的价钱，就看你是在哪儿买的。

消费者是否理解这种差价？应该说，有些消费者是理解的，毕竟品牌药品制药公司也需要继续投资进行新的研发。此外，许多品牌药品含有额外的成分，以帮助它们提高整体药效。所以可以说，当消费者购买领军品牌药品时，他是在购买一片心灵的安宁；在高达 50% 的疗效可直接归因于安慰剂效应的药物类别中，保证质量和疗效确实十分重要。

## 本章小结

正是消费者决定了他们准备为一个品牌支付什么样的价格，因为他们知道自己购买的不仅仅是一种简单的产品或服务，而是一种消费的良好感受。从这个角度说，消费者经常地、主动地与品牌公司"勾结"，心甘情愿地支付溢价，才使品牌得以长青。

---

**延伸阅读**

1. 本·戈德克著《坏科学》( *Bad Science* )，哈珀·柯林斯出版社，2009。

2. 坎塔尔·米尔沃德·布朗著《聪明的品牌如何获得价格溢价》( *How Smart Brands Command A Price Premium* )，www.millwardbrown.com/Insights/Point-of-View/How_Smart_Brands_Command_a_Premium_Price/default.aspx.

3. 阿尔文·J.西尔克、布鲁斯·艾萨克森著《菲利普·莫里斯公司：万宝路星期五事件》( A ) ( *Philip Morris: Marlboro Friday* )，哈佛商学院案例 596-001，1995 年 9 月（1997 年 12 月修订）。

# 错觉 2

## 对品牌的信任一旦失去就无法重拾

当你的品牌发生危机影响了消费者的信任，你意欲对其修复，那么，信任通常可以完全或至少部分地得以恢复。

# 牌子被砸后

品牌就像人一样，也可能会出错。大多数情况下，这些错误都无辜得很，属于日常的小毛病，发生在司空见惯的业务领域里，受到其影响的也只是少数消费者，对摊到头上的个别消费者来讲，虽说是不幸和令人沮丧的，但纠正和解决起来也相对直截了当，最终会令他们满意。不过，有时事情会变得非常糟糕，出现了系统性的弥天大错，极有可能危及品牌的生死存亡和支撑它走下去的相关业务。

这些错误的背后，都隐隐约约地晃动着各种不良行为的影子，而它们的破坏力如此之大，直接动摇了消费者的信任，进而产生了骇人的信任危机。如果消费者认为这一品牌不值得信赖，其后果是令人惊悚的。

那么，既然品牌信任得来如此艰难，失去这般容易，想要重塑的可能性有多大呢？在现实生活中我们看到，一些品牌的确因为它们的错误而销声匿迹，永无翻身之日；但一些品牌却能从失信中浴火重生，实现幡然涅槃。

这里有一个好消息可以与你尤其是正在为重大问题而忧虑的你分享：通常说来，对品牌被砸后欲重建信任是有可能的，前提是你必须了解问题的性质以及解决问题需要采取哪些行动。

## 找准性质

决定这类事件结果的最重要的因素，当属问题的性质。比如，错误的发生是故意的还是"纯粹的"疏忽？是公司上层的决策失误还是员工执行的错误？错误发生后是对消费者不管不问还是高高在上公然蔑视……不解决性质问题，即便你有大量的现金储备或雄厚的商业信誉，也挡不住消费者对你的抛弃。

在本书的开头，我们谈及了杰拉尔德·拉特纳以及后来其品牌的轰然倒塌。20 世纪 90 年代初，拉特纳在一次会议上发表言论，公开承认自己的产品是"垃圾"（不是一般的狂妄自大）。随后，他颇为自负的品牌在媒体风暴中走下神坛。他的坦白对品牌来说是致命一击，因为此举是对他自己的产品、更重要的是对信赖他的产品的客户的公然蔑视。没有人喜欢被别人当作傻瓜来耍，特别是牵扯到经常买来表达爱意或喜爱之情的商品时更是如此。结果可想而知，拉特纳的品牌堕入了致命的深渊，真是不作不死的典型啊！

## "深海地平线"事故

2010 年 4 月 20 日，英国石油公司（BP）在墨西哥湾租赁的钻井平台"深海地平线"发生爆炸，造成人类历史上规模最大的近海原油泄漏事故。一口海底自喷井未经控制地漏油长达 87 天，向墨西哥湾排放了大约 490 万桶石油，造成 11 人丧生，其中有些人的遗体至今尚未找到。

调查结果显示，英国石油公司在此次事件中存在严重疏忽大意，而运营者越洋钻探公司和哈利伯顿公司也卷入了这起丑闻。然而，尽管当时人们对英国石油公司的管理层提出了严厉批评，而且该公司簇新的绿色环保证书也遭受了负面影响（还记得该公司的宣传口号"超越石油"吗），但英国石油公司仍然和我们如影随形地绑在一起。

问题的关键是，这场灾难不存在故意性。虽然英国石油公司极端疏忽大意，并且可以说本可以预见到事故发生的可能性，但到最后，也只能盖棺论定地说，那不过是一场可怕的事故而已。大多数人都清楚，至少到目前为止，石油勘探是一项肮脏、危险和必要的工作。石油越来越难以发现，也越来越难以开采。因此，虽然这场灾难存在显而易见的失误，而且系统性问题也在所难免，但对英国石油公司而言，没有人是要"故意"漏油的。在事发之初，英国石油公司曾努力做好危机管控，其首席执行官唐熙华也黯然离职，整个灾难中，英国石油公司的总损失估计约为 650 亿美元。有些人认为，英国石油公司会就此走下坡路了。

出乎预料的是，由于这场事故及其成因的复杂性，加之英国石油公司支付巨额赔偿的能力，使得公司的品牌得以幸存下来。如果换成一个资本没这么雄厚、业务战略重要性没这么强的公司，可能会由此一蹶不振。然而，事故给环境造成的恶劣影响时至今日仍能感受得到，消费者的信任正在慢慢重建，但在某些方面，很可能会花上一辈子的时间。

## "柴油门"丑闻

最近发生的大众公司"柴油门"丑闻有助于说明一些重点问题，一些消费者对这个丑闻的细节和真相可能还不甚了解。2015 年 9 月，大众公司被爆在美国销售的超过 50 万辆的柴油汽车中，秘密安装了"减效"（defeat）装置。该装置旨在确保在某些测试条件下，尾气排放会比"现实世界"中正常驾驶条件下的要少，这使得汽车表面上似乎通过了美国严苛的尾气排放测试，但实际上在正常情况下还是会超标。在接受检测过程中，汽车能够实际感知，减效装置会在测试期间自动激活。这一丑闻显然存在欺骗消费者和监管机构的主观故意，在全球汽车业内引起了轩然大波。大众汽车在主流制造商中历来都令人高看一眼，得到消费者至高的信任，消费者一直认为大众公司是一家全球大咖，生产的汽车安全可靠。当作弊丑闻曝光后，消费者大跌眼镜。

这场危机一度有摧枯拉朽、置大众公司于死地的架势，但最终事态还是稳定了下来。许多因素在其中发挥了作用。一是虽然案件存在恶劣的故意作弊的欺骗行为，但其影响似乎（至少在最初阶段）仅限于某一特定范围里的一定数量的汽车。尽管这场危机对大众公司的名声不利，但并没有严重损害到其卓越的工程机械能力所久享的盛誉。二是没有直接证据证明高级管理层与全球测试制度之间卷入了这场丑闻，充其量只能说是监管不力，这进一步拉了处于水深火热之中的大众公司一把。三是正如英国石油公司一样，首席执行官的辞职在一定程度上再一次起到了釜底抽薪的效果。四是公司厚实的家底也发挥了不可或缺的作用。

据瑞士联合银行（UBS）最早的估计，"柴油门"丑闻给大众公司造成了约 420 亿美元的损失。大众公司公布了 80 年来最糟糕的财务业绩，股价下跌了 37%，市值蒸发三分之一，且公众对大众公司的信任遭到了严重破坏。

丑闻发生以后，大众公司在重建信任方面付出了极大的努力。该公司已克服重重障碍成功实现重组。虽然销量最初受到了影响，但在 2017 年，大众成为全球最大的汽车公司。他们的股价也在走强，尽管速度较慢；2018 年 7 月，大众的股价约为每股 143 欧元，这比 2015 年的 240 欧元的高点有所下降，但比 2016 年的 136 欧元还是有所上升。

英国石油和大众汽车的案例都表明，品牌能够在灾难性事件中存活下来，很大程度上取决于危机之前品牌的实力以及问题的性质——信任是如何、以何种方式受到影响的？然而，这并不是故事的结尾；假设你经历过这种生存危机，那该如何着手重建信任的过程呢？

## 纠正错误就这几招

在 2006 年至 2009 年间，消费者报告了多起丰田和雷克萨斯（丰田的高端品牌）汽车的"意外加速"事故。大约在同一时段，许多丰田汽车司机遭遇了致命的交通肇事。美国高速交通安全管理局（NHTSA）将这些肇事直接归咎于油门故障导致的意外加速。这有可能对世界上最大的汽车制造商之一产生灾难性的影响，尤其是一家以汽车的可靠性和耐久性见长的汽车制造商。

丰田公司意识到形势的严重性，立马采取了果断的行动。他们一共召回和整改了 900 多万辆汽车，最初只是为了更换有缺陷的脚垫（首先认定是问题的症结），后来又更换了有毛病的油门。此后，有缺陷的软件也被认定是无线油门中的一个问题。此次召回的总成本虽然估计为 50 亿美元，但丰田公司在此期间所展示出的解决这一问题的意愿和召回力度，却给消费者吃了一颗定心丸。这一事件表明，当一个品牌准备倾情投入并主动作为时，就一定能够有所斩获。

同样的事情也发生在韩国。当消费者开始报告称大量最新款银河笔记 7 系手机会莫名着火，甚至还会发生爆燃时，生产商三星公司也采取了类似的措施。对于一个日益成为尖端移动技术同义词的全球高端品牌而言，这有可能对其声誉造成严重威胁，并损害到消费者对其品牌的信任。在意识到问题的严重性以及手机可能爆炸的风险后，三星立即采取了前所未有的行动。起初，三星召回了 250 万部手机，并将电池进行了更换，错误地以为这样问题就能迎刃而解。见没有奏效（据称其中一部更换后的手机在飞机客舱关机时起火），三星便召回了全部银河笔记 7 系手机，甚至对仍在流通中的手机采取了"砖化处理"（即实际禁用）的不同寻常举动，以便任何一部银河笔记 7 系手机都不能再付诸使用。通过直面并承认问题，广泛地测试，不屈不挠地寻求问题的解决路径，三星得以迅速恢复元气并继续前行。消费者在很大程度上保持了对三星的信心，三星的品牌也在不断壮大。

无论品牌遭遇的是一场重大危机，或仅仅是一场令人尴尬的意外，品牌信任受到影响的程度都取决于：一是事件发生之前品牌的实力；二是对问题的性质把握；三是品牌公司选择如何做出反应。还有一条很重要，一旦身陷其中，倘若你有大量的现金储备和雄厚的商业信誉，也许会大有裨益。

三星的决策是，为了消费者的利益迅速采取行动。他们犯了错误，道了歉，采取了明确的措施来解决问题，然后以一种与他们的品牌相称的方式来加以落实，包括准备面对错误所造成的全部财务影响。这与英国石油和大众公司形成了鲜明的对照。这两家公司似乎都花去了更多时间才意识到各自处境的严重性和应当担负起来的疚责。或许他们的相对规模和组织架构妨碍了他们以更灵活的方式去行动？好在最终这些品牌还是真切地意识到了形势的严峻性，并承担起自己的责任。

因此，毋庸置疑的是，信任可以重建（或至少部分可以得到恢复），但品牌选择采取什么方式行动，会对最终结果产生重大影响。即便是在问题不太严重的情况下，依然可以如法炮制。技术和社交媒体能把任何小的过失行为放大来给公众看，关键在于品牌所有者选择如何做出回应。兵贵神速，这使得速度和敏捷性变得异常重要。对形势做出敏捷迅速和富有想象力的反应，你就能够转危为机，把一个潜在的破坏性事件转化成为你的优势。

维珍铁路公司在一列配多灵（Pendolino）城际列车上就有非常出色的表现。一名乘客坐下来如厕时，发现隔间里没有手纸，于是便在推特上发牢骚，还开玩笑地叫人速速前来救急。获悉推特内容的维珍公司，对乘客进行了精准定位，并立刻安排将新的备用手纸送到了厕所门口。乘客大喜过望。这个桥段在各种社交媒体频道上疯传。通过对单个乘客需求的快速反应，举轻若重的维珍公司将一个小小的负面消息，转变成了一个难得的正面宣传机会。

## 学会信任管理

同样的逻辑也适用于优步这样飞速发展的科技企业。作为一家移动应用程序设计公司，因旗下同名打车 App 而名声大噪，覆盖范围涉及 70 多个国家的 400 多个城市，成为全球知名即时叫车平台。

然而，优步很快发现，能够助你实现第一个商业目标的东西，对下一个目标来说却未必够用。在为客户提供优质服务方面你可能是行家里手，但这并不意味着你就有能力摆脱不良的企业内部文化。不久，优步遇到了一系列负面社会效益：在印度，它面临有关诱使印度出租车司机建立不可持续的商业关系的指控；在纽约，出租车司机对优步发起了诉讼，指控优步和其下属公司"拥有欺诈性的商业模式"，称其"非法"要求司机承担交易时产生的费用；在意大利，罗马一法庭宣布对优步 App 实施禁令，称优步对传统出租车行业造成不正当竞争，要求优步在 10 天内关闭该应用在意大利境内的运营，同时停止促销和推广活动，如果优步没有按要求执行，每天将面临 10 万欧元的罚金。

作为后起之秀的优步，面对的问题也与老品牌一样：品牌的知名度越高，消费者就越期望它能知善行诺。这就需要把信任管理提高到企业文化的层面上。

在今天的商业环境中，信任管理是品牌管理不可或缺的组成部分。它是一种日常性工作，包含的内容不仅仅是对潜在的破坏性事件被动做出反应，也涉及主动采取措施，把问题消灭在萌芽状态。

信任问题不应当留给危机管理层去处理。水滴石穿的负面舆情有能力从根本上侵蚀信任，即便是久负盛名和锐意创新的公司也概莫能外。

品牌所有者应当注意：当品牌存在隐匿的负面社会效益时，断然不能忽视它们，因为你伤不起。你可能对形势的重要性不敢苟同，甚至不同意对问题的评估方式，但你绝对不可以像鸵鸟一样把头埋进沙子里。

在监管环境中，信任和声誉显得尤为重要。比如，围绕优步行为的持续不断的负面舆情，令伦敦市长和监管机构疑虑重重，并据此暂停了优步的运营执照。无论是否出于政治动机，市长都对优步的安全性表示严重关切，对其合法性表示百般怀疑。在本书付梓之际，优步的运营执照已经恢复了"试用期"。纵然许多客户认为优步是一项高度创新和便捷的服务，然而，由于未能主动应对信任危机，便为未来可能面对的挑战埋下了伏笔。

正如我们一而再再而三地见证到的那样，如果你有一个强大的品牌，并且有采取果断和修复性行动的强烈愿望，那么在大多数情况下（在给定时间里），信任通常可以完全或至少部分得以修复。但这并不意味着品牌可以故步自封，抱残守缺。许多备受瞩目的丑闻如果影响到资产负债表不那么稳健的弱势品牌，结局可能是毁灭性的。信任是一场艰苦卓绝的斗争，很容易失去，而且修复起来往往代价高昂。

因此，最好的做法是及早预防并避免这样事情的发生。更重要的是，如果在危机发生之前，你为自己的品牌积善行德的越多，消费者就越有可能原谅你，给你改过自新的机会。

然而，如果你直接侮辱了客户；对自己的业务表现出愤世嫉俗的态度；唆使员工极尽欺诈之能事；或者诈骗行径为人所揭露，那么你一定会发现，信任已经完全把你抛弃！

## 本章小结

如果你发现自己置身于严重的但生机尚存的信任危机时，那就按照下列步骤赶快行动起来：

一、迅速采取补救行动，不能缺位。商务就像大自然一样，憎恶真空。

二、勇于承担责任，坦率并毫无保留地致歉。

三、制订明确改正计划，以减轻并解决手头的问题。

四、层层传导压力，把计划传达到所有关键岗位。

五、用与品牌相符的方式来直面和应对危机。

---

延伸阅读

1. 大众汽车丑闻真相：www.bbc.co.uk/news/business−34324772.

2. 大众汽车公布 80 年来最大年度亏损：www.ft.com/content/d777afa0−0893−11e6−b6d3−746f8e9cdd33.

3. 三星银河笔记 7 系手机：www.forbes.com/sites/maribellopez/2017/01/22/samsung−reveals−cause−of−note−7−issue−turns−crisis−intoopportunity/#1818d30924f1.

4. 维珍公司：www.mirror.co.uk/news/weird-news/man-saved-lack-of-loo-4928118?ICID=FB_mirror_main.

5. 优步的麻烦告诉我们公司价值观的重要性：www.ft.com/content/95cebf4a-76d7-11e7-a3e8-60495fe6ca71.

6. 优步在伦敦遇到的问题就是优步在世界各地遇到的问题：https://mashable.com/2017/09/22/uber-london-tfl-lost-license/?europe=true.

# 错觉 3

## 好品牌能让不良企业起死回生

　　品牌和它所依托的企业相辅相成，水乳交融，并非彼此游离，泾渭分明。

# 一白真能遮百丑？

消费者对自己喜欢的品牌往往赋予它不曾拥有的力量，甚至还有人认为强势的品牌可以成功地掩盖公司的业务缺陷。曾经有过那么一个时期，人们把叱咤风云的品牌或呼风唤雨的广告看作一种标签或包治百病的膏药贴，可以随手"贴"到任何一个企业上，借以掩盖缠身的弊病，而现在还有这种可能吗？

不断发展的数字革命，实际上让"坏"企业无所遁形。如果你经营不善，很快就会露出马脚来。电子商务量的激增和社交媒体的加持，为客户提供了数不胜数的平台和论坛，来分享他们的观点和经验。事实业已证明，没有什么比第三方的推荐更具有说服力。亚马逊上的积极评价可以转化为商业成功；专业网站和出版物每周都会对多种类别的最佳产品或服务体验进行排名；消费者可以对价格进行即时比较；供应商则通过自定义程序化媒体来相互竞争。

在这样的背景下，品牌已经不是一个引人注目的标志或包装精美的产品了。放眼当今的消费世界，消费者会根据品牌所起的作用来评判它，这种评价至少会对公司首席执行官产生深远的影响（如果说品牌是企业一切行为的总和的话，首席执行官就应该是品牌最终的守护者）！

美女的标准不仅仅是白，还要五官耐看。

## 光有好形象是不够的

在时尚、科技、奢侈品等行业，"形象"对购买决策有着重大的影响力。每一个从业企业，需要在独具特色、饶有趣味的产品属性上大做文章，下足功夫。

法国最大的移动运营商奥朗捷是以民主化愿景（包括改变对客户的收费方式）为基础而创建的公司，人们通常将其推崇为靠强大形象取胜的教科书般的例子——它是第一家按秒（而不是分钟）向客户收费的移动运营商。此举让他们声称自己是英国第一个亲民移动运营商的说法落到了实处。

光有好的形象是不够的。评价一家企业的好坏，看的不是这家企业会不会打扮自己，而是看它的产品好不好，待客真心不真心。说一家企业"坏"，意味着企业正在让客户大失所望——质量低劣，服务放水，跟不上客户的需求等；"坏"还波及品牌（或品牌所有者）的行为方式以及对待员工的方式上。再好的平面设计或口吐莲花的广告也掩盖不了"坏"企业的本质，即便这家企业很会宣传自己，消费者迟早也会用脚投票的。

## 保持关联的重要性

英国的沃尔沃斯超市是一个深受消费者喜爱的知名品牌，在其存续的大部分时间里，与英国资本主义的历史和发展紧密相连。沃尔沃斯有一系列的品牌标志，其中包括众所周知的广告词"一把抓"（Pic'n'Mix）——流行得甚至都变成了日常词语——但是这些辉煌并没有能够阻挡它走向歇业的步伐。一家有着百年历史的零售商就这样颓然倒闭了，原因在于沃尔沃斯未能顺应已然改变的商业环境，当以前消费者当成宝儿的琳琅满目的家庭用品、服装、音像制品、玩具和糖果等，如今随处都可以低价买到时，它还坚持陈旧的经营理念，产品和价格不接地气，与百姓渐行渐远，无法满足消费者的需求。可见，再强大的品牌也不能拯救一个不能与时俱进的企业。

　　再来看看芬兰诺基亚这个例子。诺基亚是全球移动技术的领军者，也是令人神往、高度创新的移动设备的创造者，它曾经所向披靡、傲视群雄，然而，它未能及时敏锐地发现智能手机的转变，还在固守常规，结果只能眼巴巴地把"领骑衫"拱手相让给苹果、三星这样的品牌。纵然诺基亚是一个非常受人尊敬的品牌，但这不足以阻止其自身发展的颓势。2016 年 5 月，微软把三年前斥资约 72 亿美元买来的诺基亚以 3.5 亿美元的价格卖给了富士康，而当诺基亚风头正劲、一览众山小时，它的市值几近 3000 亿美元。所以，品牌固然好，但花无百日红，如果不能敏锐地抓住市场，不断创新发展，等待品牌的只能是被抛弃的结局。

　　英国家居百货和奥斯汀·里德时装这样著名的公司纷纷倒闭，原因在于他们提供的产品不足以迎合消费者的需求。在英国家居百货破产之前，它曾被奉为菲利普·格林爵士帝国中的一颗熠熠生辉的宝石，如日中天的它，宛若一台高速运转的赚钱机器。可也就短短几年的工夫，它突然发现自己深陷十面埋伏，竞争优势正在迅速削弱：虎视眈眈而来的像普里马克这样新加盟的英国潮牌，更能迎合大众便捷、价廉的时尚品位；超级商场也不甘寂寞，纷纷试水，并在儿童服装零售方面有所建树；电子商务创新性地为广大消费者提供了全新的线上购物方式。在四面楚歌中，英国家居百货风光不再，被消费者抛弃了。同样地，英国商业街上的另外一个"钉子户"奥斯汀·里德也没能找准自己的市场定位，在新潮时装零售和高端奢侈品牌之间进退维谷、举棋不定，虽然它最终选择了走传统时尚和高质量相结合的路线，但并未在市场上引起多大的反响。奥斯汀·里德现在孤守着一个在线网站，还有几家奥特莱斯店在做外卖。

　　2010 年，服装零售商盖璞在付出了高昂代价后才顿悟出来，简单地利用品牌标识来提振业务，会给消费者带来认知混乱，得不偿失。盖璞犯的错误是：试图引入一个新的徽标，但由于没有事先向消费者解释为什么需要进行更改，以至于消费者无法分辨真假，不敢购买新徽标的产品，导致新老产品市场销售都受到影响。一个品牌形象标识被搞乱了，这个失误的代价可不小。盖璞最后不得不重新恢复使用原来的标志，算是跌了一个令人尴尬的大跟头吧。

## 高手需要内外兼修

纸包不住火！再好的品牌同样无法隐藏糟糕的企业内部文化。亚马逊和优步这些科技企业的翘楚发现，不良的企业内部文化会带来很多负面的后果，从生产效率低下、客户服务低劣到公共关系的破坏，不一而足，而且它还会在监管和社会层面上给你制造大的麻烦。就像优步案例向我们展示的那样，假如监管机构对你失去了信任，并且对你的企业文化和价值观产生了怀疑，特别是在监管机构有权吊销你的经营许可的情况下，即使大多数客户对你至爱有加，那也徒有虚名，无足轻重！

好的企业内部文化最重要的一条是以人为本，善待员工。如今，客户和监管者越来越多地关注企业的行为和对待员工的方式上，以及企业的核心愿景和价值观方面。

在今天的经济大潮中，"品牌"实际上是企业整体运作方式的缩影。企业的宗旨是什么？企业是如何对待员工、客户和合作伙伴的？这些都会通过品牌的外在形象展现出来。

假设没有各方股东在产品和服务上投入巨资的话，劳斯莱斯（包括汽车和航空业务）就不可能成为今天备受消费者青睐和敬重的品牌。虽然消费者都认为劳斯莱斯（及其系列产品）是卓越质量和完美做工的化身，但是，如果汽车接二连三地频出故障，或者涡轮发动机毛病不断，抑或客户服务质量持续走低，那么，消费者的这种共识也只能是兔子尾巴——长不了。声誉可以建立，甚至可以提高，但是不可以伪造（至少不能持续作假）。

作为一百多年来在英国商业街上出现的第一家新银行，大都会银行提供其独具特色的客户服务，因为它对待员工很好，并且拥有一套旨在授权（而不是约束）开展优质服务的机制。大都会银行所做的，就是确保一切都专注于为客户提供独特的服务体验。

用品牌做挡箭牌来掩盖一塌糊涂的业务，结果通常会适得其反。行之有效的方法是，利用好的业务来修复坏的（或一败涂地的）品牌。品牌的修复常常有助于扩大并加速企业业务的增长。在这方面，汽车行业中有一些很好的例子。我们姑且就从最惊世骇俗的一个品牌——斯柯达谈起。

## 修复一败涂地的品牌

成立于 1895 年的斯柯达汽车公司是捷克的一家私人企业，到 1925 年变成了一家国有企业。20 世纪 80 年代，它开始向欧洲各地出口一系列廉价汽车。客观地说，当时大多数西欧市场把斯柯达视为反映捷克国家政权所有问题的象征。虽然斯柯达既便宜又实惠，但比较而言却糟糕透顶——质量差，老掉牙，不可靠，速度慢。如果它还有什么值得一提的优点的话，可能就是修理起来相对容易。当然，对一些家庭来讲，斯柯达的确能让他们买得起，从而圆了自己的汽车梦。但是到了 20 世纪 80 年代末，就连这个产品亮点也被后来居上的汽车制造商的入门级车型给抹杀了，斯柯达沦落为西欧市场的一个笑话。直到 2000 年，斯柯达成为大众集团的全资子公司后，实现了华丽转身，情况迅速发生了变化。

大众公司需要一个有价格竞争力的品牌，但又不会玷污大众品牌的高端形象；同时，它还想要一个在整个中欧和东欧都很有知名度的品牌。经过一番考量，大众公司决定充分利用斯柯达在可购性方面的声誉，对其产品和制造方面存在的问题则可以利用自己集团的专业技能直接加以解决。实践证明，这一战略赢得了空前的成功。大众公司应用已有的较为老旧的平台和工具，仅在几个月的时间里便完成了产品的改造。在短短几年内（对汽车行业来说算不上什么），斯柯达就从西欧市场的玩笑摇身一变，成了那些看重价值、见多识广的消费者争相购买的产品。拥有可靠的设计和制造、应用成熟技术、价格极具竞争力的斯柯达，现在已经成为公平交易的代表。

大众公司也对西班牙汽车制造商西雅特做了类似的事情。与斯柯达相比，西雅特最初的声誉要好得多。当大众公司收购这家公司时，它能够利用自身的实力和资源来提高汽车的质量和整体吸引力。有些客户和市场因为大众车过于日耳曼化、令人兴奋不起来而对大众品牌退避三舍，而带有点拉丁风格的西雅特，为打开这部分市场、赢得这部分客户开辟了新的渠道。

在上述两个案例中，大众公司对自己并购的新所有权都没有声张。它只是弯下腰实实在在地做事，悄无声息地修复品牌。桃李不言，下自成蹊。大众公司把宝都押在产品（汽车）上，坚持让产品自己说话，从而使市场发生了天翻地覆的变化。这一案例说明，好企业只是营造了一个全新的背景，在这个背景下，这些历史悠久但表现不佳的品牌可以实现重生。它们如今正昂扬向上，在大众品牌组合中发挥着重要的战略作用。

素有摩托车行业里的"法拉利"（Ferrari）之称的意大利摩托车制造商杜卡迪，也重复了同样的模式。杜卡迪以其设计独特的强大动力发动机和整车造型优美而闻名遐迩，但它的脆弱易坏也臭名昭著。产能不足和研发预算捉襟见肘，是造成产品不可靠和"时常罢工"的罪魁祸首。当杜卡迪成为大众子公司奥迪一部分后，一切都发生了改变。资金和技术力量的投入解决了产品可靠性问题。通过推出针对可资利用的新市场空间的新车型，业务量显著增加。

## 回归初心

有时候，仅仅是创始人的回归，就足以重新点燃红极一时的品牌，这是因为品牌和业务根本就不应该分开。苹果和星巴克重新焕发出生机与活力，都是由于创始人的回归所致。1996 年史蒂夫·乔布斯重返苹果，预示着他的状态的恢复。乔布斯很快就意识到，要想让业务取得成功，只需专注于少数能够改变游戏规则的产品，而且还需要获得直观的用户体验。有了这一点，再加上平生对平庸的憎恨，足以让当今世界上最有价值的公司去重新确定发展方向。同样地，2008 年霍华德·舒尔茨的回归，也使得星巴克重新对自己的业务进行了有效定位。过去一段时间，由于经营范围过大，特色也乏善可陈，造成星巴克的业务和品牌受损。霍华德·舒尔茨通过关闭苟延残喘、无利可图的门店，重新专注于让员工和顾客都感受得到的与众不同之处，使星巴克的业务开始日渐复苏。

## 本章小结

在当今的市场中，品牌与它所依赖的公司是血肉相连、密不可分的。试图利用品牌标识和广告来蒙蔽消费者，使其上当受骗，往往会事与愿违。与此同时，如果你是一家好企业，可以考虑将自身的优势应用于业绩不佳的企业和品牌上，这种并购很可能会加速企业的发展，实现更大的价值。

品牌的作用成就了品牌。

---

**延伸阅读**

斯柯达笑到了最后：www.telegraph.co.uk/motoring/columnists/neillyndon/7922478/.

# 错觉 4

## 技术是品牌影响力的克星

技术并非在挑战品牌的力量，而是在冲击着市场、改变着业务，并深刻影响着品牌化建设的实践。

# 技术让品牌变好还是变糟了？

互联网时代的到来，使品牌遇到了前所未有的挑战。有不少人认为，技术正在迅速削弱品牌的力量。也就是说，技术正在掏空消费者对所喜爱的品牌的认同并与之建立联系的需要。而且随着技术日新月异的发展，品牌生存的空间和需求遭到了极限挤压。消费者不再需要用品牌去简化自己的购物选择，因为技术可以包办代劳。毕竟，品牌的存在是为了让消费者的选择变得更加容易。

从历史上看，品牌一直扮演着标识的角色，是备受消费者信赖的产品或服务的代言。在互联网尚未普及的时候，消费者购买产品或服务时，对品牌的比对往往是口口相传或需要长时间的实践验证。现在好了，只需用鼠标点击几下，就可以对产品和服务进行即时的比对，不仅购物的时间缩短了，还可以通过评论区的留言来观察品牌的口碑，从而选择更适合自己的产品和服务。由此，人们可以认为，在消费者可以对价格、特性、质量、性能和可靠性进行无缝比对的今天，品牌的影响力已经从根本上被削弱了。不信，你可以到商业街上看看都发生了什么吧：久负盛名、广受欢迎的零售品牌几乎一夜之间就销声匿迹了。十年前，连想象一下像玩具反斗城这样的全球大牌会眼睁睁地消失都是不可思议的事情，而如今，在新一波数字化大潮裹卷下，它似乎是盈利无门，苦苦挣扎在窘境之中难以自拔。

难道技术真的会成为品牌影响力的克星？是否品牌终将消亡、产品为王的时代将再度崛起？现如今，品牌真正的服务功能到底该是什么？人们都在苦苦思索着。

# 品牌不会被终结

正如我们在前面所指出的那样，品牌之所以存在，是因为人们从骨子里对它的喜爱并能与其产生共鸣。在现代经济生活中，购物仍然是一种自我表达的形式：不管你喜欢与否，当你购买一种产品或服务时，你就是在选择，也同时在摒弃；你是在把个人的好恶袒露无遗，而人们也会对你是什么样的人做出相应推测。因此，我们与品牌的关系是富含情感色彩的。品牌的力量就在于，它们有能力在我们的心田占据一个独特的空间，这个空间可能比以前要小，但它依旧价值无限。寓于消费者内心的一串明确、积极的品牌联想，既难以取代，也无法复制。

毫无疑问，技术令市场竞争更趋激烈，并对许多沿袭已久的商业模式构成冲击。但是没有证据表明，技术正在捣毁品牌。那些把曾经受人追捧的品牌的消亡作为品牌实力迅速消失证明的人，实际上只是在强调，一个品牌，无论其过去如何强大或显赫，都无法拯救一家身陷困境、泥菩萨过河般的企业。像沃尔沃斯、玩具反斗城、英国家居百货和电子产品零售商马普林这样的企业，都是在面临快速崩溃和新竞争对手层出不穷的险境时，未能迅速做出调整和改变的例子。

与之形成鲜明对照的是，品牌的重要性还如以往一样从未发生改变，品牌的关联性同样涛声依旧。也许有人会说，由于品牌的作用是将一家公司的产品或服务与其竞争对手区分开来，故而技术正在动摇品牌赖以依存的基础。鉴于品牌之间比较的容易度，再加上技术对时代和我们自身的巨大需求，品牌几乎无暇去恪守自己的独特性。就当下而言，品牌所能期盼的最好结果就是独树一帜，与众不同。在这个良莠不齐、品牌泛滥的时代，在这个众多品牌不断刺激着人们吃着碗里看着锅里的时代，品牌所能尽力做到的，也不过就是让消费者在众里千寻时找起来更便捷，购物体验更方便。

尽管这听起来很合乎逻辑，但却经不起仔细推敲。在许多类型的产品或服务中，消费者是否花了很长时间去深入思考品牌之间的不同尚存争议。在买菜豆、巧克力棒或决定去哪里买咖啡时，人们总是倾向于选择与众不同和早就熟悉的品牌。相反地，当消费者在选择购买贵重物品或列入购买计划的商品时，比方说汽车或昂贵的音响设备，在整个过程中投入的自然会更多（因为如果一旦决策失误，后果会很严重）。因此，他们通常会花时间去权衡品牌之间真正的差异所在。

毋庸置疑的是，技术使市场竞争日趋激烈，令营销者的作用更为复杂。不过，没有证据表明人们对品牌化实践弃之如敝履，或者说品牌本身的数量正日益减少。事实上，结果可能恰恰相反。让我们拭目以待。

## 有价值的品牌回报更大

在过去的几年里，法国最大的广告与传媒集团——哈瓦斯集团一直在进行"有意义的品牌调查"，并在此基础上对同类品牌中客户认为更有意义的品牌表现进行分析。这项一年一度的调查显示：人们认为比竞争对手更有意义的品牌，钱包份额（share of wallet）平均增长 9 倍；业绩比股市平均水平高 206%。与反对者论断相反的是，那些在生意场上积极寻求创造意义、播撒诚信，而不仅仅是快捷、廉价地提供产品或服务的品牌，似乎更能得到消费者的青睐和器重。因此，哈瓦斯断言："一个有意义的品牌，是由其对我们个人和集体福祉的影响以及其功能效益所决定的。"

## 技术正在推动新品牌的创建

技术非但没有削弱品牌的影响力，反而预示着新一代令人兴奋和颠覆性品牌的到来。有意思的是，许多著名的科技企业——谷歌、亚马逊、苹果、三星、脸书和推特——似乎都在品牌建设上舍得投入巨资。的确，对任何意欲进行早期投资的新科技品牌公司而言，我们的建议是，确保自己要讲的"故事"的正确性。对于那些寻求新的投资机会的人来说，关键是要把自己的宗旨和终极利益令人信服地、简洁地表达出来。

在许多情况下，技术降低了传统的准入门槛，帮助后起之秀另起炉灶，重新设计客户模型。这种冲击对企业和消费两个市场都产生了同样的影响，大量涌现出的品牌在客户的心中扎下了根。

我们目睹了那些通过聚合其他企业产品而快速成长的企业即中间商品牌的崛起。在金融服务、保险、航空旅行、假日休闲、交通和娱乐等领域，我们看到了一些品牌闪亮登场，比如省钱专家网、货比三家网、艾派迪旅行网、奥普多旅游服务网、特里维克酒店预订网、火车客车订票网和比赛演出换票网。这些品牌正在帮助客户认识到市场上存在的众多选择机会。它们是值得信赖的顾问和专业搜索聚合器强强联合的结果。

有一些企业已经完全重塑了各行各业。波点品牌海淘网、时尚网购和新潮海淘网这些企业，已经让高端和主流时尚发生了蜕变，并让这一流畅的蜕变过程高度个性化。远淘网彻底改变了消费者与时装的接触方式，成为数百家时装店的销售渠道，使得消费者梦想成真，实现了在世界任何地方购买时装的愿望。

商业企业也在经历着同样一场革命。即便是专业服务行业（一直在顽固地抵制市场激荡），如今也出现了大量新品牌登陆市场。最近，伦敦刘易斯·希尔金律师事务所推出了一项新的低成本就业咨询业务——"跳岩王"，该律师事务所凭借技术手段，以极具竞争力的价格向大型企业提供高质量的就业建议。"市场发票"是一家金融科技公司，专门为现金流出现困难的企业提供保理发票（factoring invoices），企业一旦为"市场发票"公司所接受，便可以高度灵活的方式利用其服务（与传统银行提供的服务不同）。如果在谷歌上输入关键词"众筹"，你不仅会立即找到十大众筹品牌，而且还会看到众筹网——一个汇集了最好筹资平台的企业！

上述每一个品牌（它们只是沧海一粟）几乎无一例外地非常重视品牌化实践，每一个品牌都在积极采取措施，扩大和深化与客户的关系。这些企业都不把自己视为"网站"，它们都是在市场上立足已稳的品牌，每天在为客户的利益和金钱而竞争着。

## 技术为品牌所有者提供了新的机会

技术非但没有削弱品牌，反而常常会助力品牌的推广。几年前，麦肯锡咨询公司发布了备受人们追捧的"忠诚度闭环"模型，描述了消费者从知晓、购买到再购买产品或服务的整个营销过程。该模型断言，技术对品牌的最大影响之一，是对传统的"购买漏斗"的影响。在过去十年的数字化转型之前，大型企业倾向于围绕着"购买漏斗"来组织它们的营销活动，初衷是建立市场的全面认知，然后说服消费者对品牌予以考虑，接着让消费者对这一品牌产生偏爱，最终说动消费者购买这一品牌。不同的企业有不同的漏斗模型，但最重要的一点是，这个过程一定得是一个漏斗，而且还得是线性的，并且以客户平均能在记忆中存储（对大多数类别而言）五六个品牌为基础。麦肯锡公司认为，在数字化的影响下，这个漏斗现在实际上已经形成了一个闭环。

起初，消费者可能（在任何特定类别中）只留意到几个品牌，可是，一旦他或她开始搜索网站，考虑范围几乎肯定会立刻翻番。消费者现在一定会考虑一套新的品牌，并很可能利用排名和第三方背书相结合的方式，来把偏爱的首选清单确定下来。此时，首选品牌应该加倍努力，以激励和转变潜在的消费者。当消费者购买了该品牌，该品牌就应该双管齐下，打出情感和功能的组合拳，促使消费者再度购买并向他人广而告之，从而实现闭环。

事实证明，技术实际上增加了更多品牌进入消费者考虑范围的机会。在某种程度上，它要求品牌讲述的故事，要比以往更加深刻、更为丰富。产品需要满足消费者的需求，价格还得有竞争力，品牌发现、增强功能和宣传机会需要纳入客户整体体验中去考量，所有这些都提升了能够"讲好"故事的重要性。技术正在改变着企业，对营销人员也提出了更多更高的要求。同时，它也为创建全新的、令人兴奋的品牌提供了肥沃的土壤。

## 如果它看起来像一个品牌

有人觉得那些大的科技品牌根本就不是真正的品牌，比如谷歌和脸书这样的公司，可能"看上去"像品牌，但实际上它们只是作为有吸引力的垄断实体在运营，使出浑身解数不让消费者注意到它们没有真正认知选项的事实。实际上，这种说法是不确切的。谷歌、脸书和其他许多科技品牌通过努力工作和自身强大的客户吸引力，已经在市场上占有一席之地。谷歌之所以能成为世界上最大的搜索引擎，原因就在于它的算法比先前所有的都要好上一大截。脸书在成为我们今天看到的包罗万象的平台之前，经历了多次迭代。事实上，这两个品牌各自都有许多竞争对手，都在争相吸引你的注意力，而更开明的（或更年轻的）用户会刻意去寻找谷歌和脸书外的替代品。对此，这两个品牌所做的，就是利用它们收集到的数据去普惠用户，从而确立自己无法被超越的市场主导地位。

## 逃不掉的企业责任

对于那些执意认为势不可当的技术力量正在削弱品牌的人来说，我们可以把话撂在这儿：可能正是品牌本身，才帮助我们与技术公司达成了新的交易。对于誉满全球的国际大牌而言，它们很少为人所忽视。实事求是地讲，人们往往会认为，和那些鲜为人知的竞争对手比起来，大品牌要肩负更大的责任。或许这就是我们现在开始要见证的东西。客户和监管机构正在开始意识到这些品牌的实力以及它们目前拥有的影响力。75% 的新在线广告收入落入了谷歌和脸书的口袋，脸书还允许第三方获取海量的客户数据。这对我们在该平台上看到和与之互动的内容有着深远的影响。这些品牌会辩称，它们没有做错什么，它们是在监管或合法的框架下行事，但是，它们最好小心为妙，需要审慎对待消费者的情绪。在我们学习怎样在这个新世界里纵横捭阖的同时，谷歌和脸书无疑将受到公众越来越多的关注，但这也是品牌能够承受之重，它们是我们自身的一面镜子。

# 本章小结

技术并没有削弱品牌的力量，但它的确在改变着品牌的管理方式。品牌化（相对于营销）建设已经从被动转向主动。如今，人们把首席执行官看作是最高级的品牌经理、总编辑，而董事会则更像是一个编辑部。

品牌之所以强大，是因为它们有助于拉动需求和打造忠诚度；品牌之所以有用，是因为它们与自我表达息息相关。技术并没有改变这一点。技术并非在挑战品牌的力量，而是在冲击着市场、改变着业务，并深刻影响着品牌化建设的实践。

---

**延伸阅读**

1. 对英国零售商的启示——都是低工资和网络惹的祸：www.theguardian.com/business/2018/feb/17/uk-retailindustry-gloom-high-street-shift-consumers.

2. 2017 年度有意义品牌：https://havasmedia.com/meaningful-brandsreap-greater-financial-rewards/.

3. 2009 年《麦肯锡季刊》：www.mckinsey.com/business-functions/marketing-and-sales/our-insights/the-consumer-decision-journey.

# 错觉 5

## 品牌就是标识和广告那点事儿

在今天购物渠道众多的世界中，消费者渴望的是真切、迷人的体验，而不是哗众取宠、娱乐大众的广告。

# 抬头见广告　低头看标识

在所有对品牌的误读中，这个误解也许是最多的，对理解品牌的内涵以及创建品牌所涉及的方方面面也可能是最为有害的。

要想理解这一误解是如何产生的并不难。标识、传统的 30 秒电视广告或路边巨大的广告牌，对任何一种品牌形象来讲都是最为惹眼的元素，也是媒体最热衷于谈论的东西。媒体总是喜欢抓住品牌中最显而易见的部分去做文章，这样才便于观众或读者参与进来。品牌化往往与"说服"这门"黑暗艺术"（dark arts）联系在一起，而说服之法的施行，正是广告管理人员与平面设计师和公关专业人员联手的结果。非常有趣、万人空巷的美国电视连续剧《广告狂人》受到青睐，只会加深观众的一个偏见，即真正的品牌是由广告和标识打造的。

当然，标识非常重要，广告也是如此，然而它们并不是品牌化的全部。每逢推出新标识、改变标识或发起新的广告宣传战，品牌所有者犯的最常见的一个错误是，把创建或改变品牌当成自己经营的一部分，并没有去帮助消费者更加深入地理解他们为打造品牌所付出的一切，所以有时候会得不偿失。

## 树活一层皮

我们必须承认，标识在任何品牌建设中都起到举足轻重的作用。任何品牌的初衷，都是为了使自己与众不同并受到法律的保护。这也是为品牌所有者和消费者的利益着想。因此，品牌名称及与之相伴的标识或标志是每个品牌的基本构成，它是一种资产，也是一项可以在企业之间进行交易的知识产权。

我们还必须承认，过去，尤其是在《广告狂人》所展示的 20 世纪 50~70 年代，品牌的差异化源于人为地将个性、形象或价值观强加给一个基本没有生气的产品。用来解释品牌"运作"方式的传统方程式是：

$$P + I = B$$

也就是说，产品（Product）+ 形象（Image）= 品牌（Brand），这一等式对任何带包装的消费品都管用。因此，膏（产品）加上信心（形象）便等于高露洁，这一形象是通过包装和广告投射到产品上的；"信心"并不是产品的内在属性，尽管产品特征（氟化物等）和益处（新鲜口气）支撑或证明了信任感。

此外，考虑到我们与品牌的日常互动大多是通过某种形式的包装商品，或者电视、广告牌、杂志甚至脸书界面上的广告来进行的，因此，独树一帜的标识和与众不同、一以贯之的广告的重要性是不言而喻的。据亨利中心（Henley Centre）2001 年进行的调查结果显示，消费者中 75% 的购买决定是在销售点做出来的，时至今日，这一比例基本上保持恒定。促使消费者在销售点掏腰包的，往往是视觉上的因素——包装的外观和感觉、广告语，或围绕产品特定形象或长处所做的广告。

广告对企业的电子商务（B2B）来说也很重要，这就是为什么思爱普和埃森哲这些大型公司在机场等公共场所高调大打广告的原因。它们清楚客户和消费者都能看到这些广告，进而令人们相信它们的实力和能量。人们由此会形成一种推定：能烧钱在户外大打品牌广告的主儿，不是功成名遂，就是腰缠万贯，应该值得信赖。

所以，标识和广告在品牌化建设中至关重要。

话又说回来，如果品牌化建设仅仅通过品牌的外部表达便可实现，那么，做好广告和标识对品牌化建设是否就足够了？

## 千面形象

就品牌形象而言，需要顾及和管理的要素远远不止标识和宣传。其中有许多要素本身作为商标就受到法律的保护，当然，前提是品牌所有者一直在使用这些要素，并且已经申请注册了商标。你只能合法地拥有你申请拥有并一贯使用的东西，这仍然是一个事实。

比如，包装是一个关键的法律意义上的区别点，也是品牌的独特组成部分。在数十年的品牌管理实践中，美国百威的产品包装一直都是那个面孔，今天百威啤酒的图形、字体和颜色还像五十多年前那样容易辨认，这也是这位"啤酒之王"（也注册了商标）乐此不疲的品牌化建设之道吧。

20世纪初，可口可乐业绩经历了爆炸性增长。此间，富有传奇色彩和远见卓识的首席执行官道格拉斯·达夫特意识到，必须投资设计、生产一种瓶子，让经销商很难再造，即使他们有想仿造的贼胆，却花不起这么多钱，这样既能保护可口可乐公司的利益，又能让消费者对可口可乐品牌的辨识度增强，可谓一举两得。道格拉斯·达夫特请人专门为可口可乐设计了可口可乐瓶的形状，并进行了商标注册，这意味着其他可乐生产商或者任何软饮生产商都不可以模仿可口可乐瓶的独特外观。正是因为把可口可乐瓶的形状做得不同凡响，那些不道德的分销商想重新包装并冠以不同的品名进行贩卖的事情没有再发生。

在后面我们会谈到零售商和品牌之间的争斗。这场争斗导致的一个重要结果，是像雀巢这样的品牌所有者加大了对更具特色的外包装的投资，比如雀巢的咖啡壶形状，被作为商标加以保护。这不仅有助于把货架上雀巢的产品和其他品牌竞争对手区分开来，而且还暗示着自身品牌的附加值和产品品质的提升。至关重要的一点是，它赋予了雀巢一件真正的法律武器，能与零售商的"山寨"行为进行抗争。

因此，包装，尤其是产品包装，是品牌"美容"的关键组成部分。人们耳熟能详的广告语也是如此。"这才是真可乐"是多年来与可口可乐形影相随的一句广告语。类似的经典词句俯拾皆是："没有它，不远游"；"吃到舔手指"；"世界上最受欢迎的航线"，等等。现在这些耳熟能详的广告语有些已经不复存在了，比如英国航空公司现在使用的是"为你飞行"。但无论如何，这些广告语依旧是品牌形象的重要组成部分，没有人会考虑将它们用于其他用途。

除了包装外，产品的形状设计一般也可以注册商标，从而变成品牌元素的一部分。自 20 世纪 60 年代第一辆迷你车型下线以来，随后不管怎么微调，其外形一直都很相似，有时只能从车头格栅上的品牌标志或一两个其他较小的特征加以区别。这使得迷你车型变成了独一无二的品牌，它独特的款式不可以复制，哪怕是以接近的方式加以复制也不行。因为它是法律认可的迷你品牌的有机构成。

颜色也可以成为注册商标。比如亨氏烘焙豆包装的特定颜色就是注册商标。该注册商标的说明写道，商标"由绿松石色构成，是应用于产品可见外包装上的唯一主色"。亨氏可以证明，消费者认为绿松石色是亨氏独有的颜色，如果销售相同或类似产品的竞争对手也使用绿松石色，就会让消费者感到困惑。而"通过使用获得的独特性"（法律措辞）使得亨氏拥有了该颜色的商标权，能够最大程度地保护亨氏的利益。对吉百利来说，紫色非常重要。1995 年，吉百利在英国成功地将该颜色注册为其巧克力棒的商标，但雀巢随后对这一注册提出了异议。

即使是气味，也可以在特定品牌的使用中加以注册和保护，因为它们是该品牌独特的"组成部分"，这方面的例子比比皆是。奥塞韦兹是美国加利福尼亚州的一家公司，自 1990 年起生产刺绣线，后来倒闭。该公司曾将"用在刺绣线上的缅栀花香"气味注册为商标。电信公司威瑞森把"魅惑麝香"香型注册为其实体店的商标。1996 年，英国向日本住友橡胶株式会社授予了首个嗅觉（气味）商标——"一种用在轮胎上的花香或类似玫瑰的气味"；在英国，总部位于伦敦的运动设备制造商独角兽给镖翼注册了啤酒气味。由于难以用文字来对独特气味进行准确描述（商标必须能够以图形来表示），人们对此类注册的安全性尚存在一些争议。不过这同时也表明，企业都已经意识到，消费者在选择品牌时，所动用的不只有视觉、触觉和味觉了。

就连音乐也成为品牌的重要组成部分。人们普遍把英特尔蜚声遐迩的独特声音看作"声音品牌"概念的始作俑者，即独特的声音可以受到特定品牌的保护，并用于提升熟识度、增强记忆性和形成消费偏好。许多年来，品牌所有者一直利用"叮当声"来与目标受众群体建立难忘的情感链接，并帮助提高品牌知名度。对我们中的很多人来讲，年轻时听到的叮当声仍然余音绕梁般在耳畔回响："一天一个火星牌巧克力棒，让你学习、休息、玩耍三不误"；"嚼嚼绿箭口香糖"。哈姆雷特牌雪茄甚至成功地将巴赫《G 弦上的咏叹调》独家保护起来，专门用于该品牌的广告宣传。

手势也可以注册为商标，尽管这并不多见。成立于 1972 年的美国摇滚乐队——吻乐队的贝斯手吉恩·西蒙斯为一个手势申请了商标。从事商标研究与保护的康普码（Compumark）公司报告说：1996 年，美国职业摔跤手戴蒙德·达拉斯发明了"钻石"手势，即把两只手的拇指和食指连在一起，形成一个钻石形状，随后又成功地为这一手势注册了商标。大约十年前，当美国说唱歌手杰·Z（Jay Z）做出了类似的手势时，戴蒙德·达拉斯以商标侵权为由对他提起了诉讼。最终该案达成了庭外和解，具体涉案金额未予披露。

把这些手势用法律保护起来，对于保持品牌的完整性、确保它们的存在经常能为人们所识别是非常重要的。在日常生活中，鼓励消费者模仿这些手势，也是免费为品牌提高知名度和认知度的一种方式。

由此可见，凡此种种涉及品牌标识和形象的众多要素，以及尚未提及的其他要素和相关的外在属性，对于建树品牌来讲都很重要，远非标识和广告所能越俎代庖。

## 让客户走进品牌体验

然而，品牌形象管理的所有这些要素还只是冰山一角。对于消费者或客户来说，品牌所承诺的体验更为重要，如果不能始终如一、抓住要领地提供和拓展这种体验，品牌就会遭遇灭顶之灾。柯达的倒闭并不是因为它的标识看起来过时了，而是因为它的产品不得要领，脱离了消费者。沃尔沃斯和其他零售商也都半斤八两，它们未能迅速适应已然发生变化的消费行为，让自己的品牌体验与曾经做出的承诺相吻合。

今天，品牌的建立方式与《广告狂人》所讲述的时代截然不同，品牌化已经通过在消费者与品牌的每个可能的触点上提供一致、可识别且通常是难忘的体验来实现，这包括服务风格、分销方式、销售及售后体验，它们都是品牌化建设不可或缺的一部分。这在很大程度上是因为品牌不再只是消费品。设想一下我们现在所体验到的品牌吧，比方说亚马逊、星巴克、谷歌、脸书、优图视频甚至苹果，它们都不是单打一地围绕着从超市货架上买来的传统包装产品进行品牌化的，尽管这些品牌的标识仍然是必要的和基本的，但是传统广告的作用会派不上用场，事实上可能根本就没有什么关联性。

## 你可能压根儿就不需要广告

亚马逊品牌日益增强的影响力，靠的不是对传统广告的投资，而是对客户体验的投入。它在库存上斥以巨资，以确保从一开始库存就比最大的传统书商还要多。一家传统的"砖混"实体书店，如果经营场所足够大，可能会有大约 30 万册的库存量，而杰夫·贝佐斯则决定库存量在 100 万册。当时就有人告诉他，这么做简直就是自杀，因为采购这么多书可能会让他的生意一蹶不振。杰夫·贝佐斯事后说，别人的忠言又对又不对。对的是，巨大的采购量几乎把他的资金链逼上了险境；不对的是，这正是他做生意的方式，一不做二不休，因为他预感到，如果人们意识到在亚马逊上能买到任何他们想要的书时，巨大的口碑效应就显现出来了。因为亚马逊是线上书店，所以人们可以即时将亚马逊网站的链接发送到朋友圈，而不是非得告诉他们下一次进城时怎么走才能找到街角上的那家书店。杰夫·贝佐斯持续在客户体验上投入巨资，是因为他更清楚消费者的购物方式以及对什么感兴趣，这个网站以前所未有的便捷，让消费者能更快地找到并买到他们想要的东西，"一键通"服务便是这种体验的重要组成部分。在打造亚马逊品牌的过程中，消费体验成为商家的营销手段，直到近几年，也就是亚马逊创立大约 20 年后，他们才开始进行传统广告宣传。在此之前，亚马逊品牌的建立根本没有采用传统广告的手段。

星巴克的做法也是大同小异。我们中的任何人都很难回忆起星巴克咖啡店的广告是什么样的。在超市连锁店出售的星巴克产品会打一些广告，如冰咖啡品牌。但在 21 世纪初，当星巴克的业务在全球范围内呈指数级增长时，它根本没做广告。与宝洁公司一年内为某一种产品花在市场上的费用相比，星巴克传统意义的全球营销费用要少得多。这是因为重掌星巴克的霍华德·舒尔茨明白，消费者对品牌的期望正在发生改变。如今，人们准备支付溢价，不是为了产品利益或形象感觉良好，而是为了获得具有心理和真切价值的体验。舒尔茨深知，如果运营得法，体验也是一种营销力，这以后，星巴克的店面不再是咖啡店，而是成了"第三空间"，一个介于家和公司之间的地方。在这里，你可以在一个友善、温馨的氛围里喝咖啡、泡吧，放松自己、闲聊甚至忙工作。尽管咖啡是必不可少的，但舒尔茨知道它只是品牌的一部分。

咱们再来看一看苹果。你可以随便问任何一个人，他们最喜欢把苹果和什么联系在一起？答案不太可能是广告，尽管苹果过去制作过一些标志性的广告，包括 1984 年的超级碗（Super Bowl）橄榄球赛经典广告，这条广告不仅改变了消费者对苹果的看法，也改变了消费者对个人电脑的看法。谈及苹果，人们产生的联想很可能是苹果手机、苹果一体机（iMac）、与众不同的设计、实体店甚至极简主义、功能性白色包装设计和苹果音乐播放器。

人们可能还会提到苹果专卖店，特别是那些苹果工作人员，这一点很重要，因为越来越多的品牌代言人，尤其是一线服务人员，在推动消费者对品牌认知方面发挥着不可替代的作用。例如，许多人对航空公司的看法取决于机场值机人员和机上机组人员对待乘客的方式。这就是为什么航空史上最赚钱、最受欢迎的美国西南航空公司如此看重选对人这个问题，他们所要招募的人，都要有"战士之魂、奴仆之心"。人在建立品牌认知方面所起的重要作用，任何时候都不可能被低估。

一直以来，在英美进行的研究表明，当被问及是什么让消费者从一个品牌投靠另一个品牌时，人们所给出的大约 66% 的原因是该品牌或公司代表的态度。不管你在广告中如何王婆卖瓜，或是想通过标识来向消费者展示什么，假如穿着公司制服或佩戴统一徽章的员工对顾客或消费者的态度极端恶劣，那么，这个顾客或消费者肯定会离你而去，转身向你的竞争对手投怀送抱，甚至还会喋喋不休地在社交媒体上把自己的经历痛说个够。比如，美国联合航空公司遇到了麻烦，因为他们把乘客的一把吉他弄丢了，事实上，他们不仅弄丢了，而且还弄坏了，这让失主、加拿大歌手戴夫·卡罗尔感到恼火，而毫不称职、漠不关心的美联航工作人员拒绝赔偿的态度，让卡罗尔更为愤怒，这促使他制作了一个名为《美联航摔坏了我的吉他》（*United Breaks Guitars*）的视频短片，并发布到视频网站上。该视频在网络上热播，点击量已超过数百万人次。《泰晤士报》评论员克里斯·艾尔斯对这种糟糕的公关举措给美联航造成的影响进行了评估："这首歌上线才四天，糟糕公关的黑云便压城而来，导致美联航的股价来了一次途中熄火，暴跌 10%，给股东造成了 1.8 亿美元的损失。"而这些钱足可以让卡罗尔买上 5.1 万把吉他了。

## 持续是必须的

让我们以另一个品牌为例，来说明品牌的本质是不断变化的，这就是那些参与产品设计和制造的零售商。

宜家是世界上最知名的品牌之一。从中国到加拿大，无论你走到世界哪一个角落，它的蓝色仓库都是一样的。宜家由英格瓦·坎普拉德创立，旨在"为普罗大众创造更好的日常生活"。目前，在全球拥有近 400 家门店的宜家，正朝着到 2020 年实现 500 家门店和 500 亿欧元收入的目标迈进。宜家品牌的成功，在于它在端到端（end-to-end）客户体验中的几个关键时刻的卓越表现。这些时刻能为客户增值，为公司变现。宜家特别重视产品本身，它们是宜家经营宗旨——"价格合理的瑞典设计"的体现。它们的大批量生产，意味着宜家可以从供应商那里拿到个好价钱。宜家的走货量很大，价格也较低。比利书柜在世界各地的家庭中司空见惯，据说每十秒钟就售出一个。宜家的全部产品都以相同的方式在相同的标志性门店里进行销售，年复一年，从市场到市场，这些并没有发生明显的变化。2016 年，宜家门店访问量达到了 9.15 亿人次，每次消费者的体验都大同小异，就像我们现在所做的一样——按照宜家的店规，你不能在宜家店里抄近路，走捷径。最绝的当属家具的陈列和展示。我们许多人有这种感觉，买到家里的宜家家具永远不像在店里看起来那样好。这些门店通常都位于城外，因此，但凡到了那里的人总会花些时间走走看看，而且大家也都喜欢逛宜家店。宜家也投其所好，开辟了餐厅和家庭区域。这些餐厅供应出了名的肉丸，而且在收银台附近的一个小食品购物区那里，顾客还可以买到预包装出售的肉丸。宜家特别关注这些地方的销售情况，他们意识到，宜家之行中压力最大的环节往往是排队结账，因此，就在收银台外特地设置了一些出售热狗和冰激凌的摊位。它们卖的都是些不贵的小可爱。这意味着你来宜家一次，留下的最后记忆是一个香甜可口的冰激凌，而不是在收银台前漫长的等待。如果你是带着孩子来宜家的话，对这一点能体会得更深。

宜家的网站和商品目录对其营销起到至关重要的作用。2016 年，该公司网站访问量达到了 21 亿次。商品目录是宜家品牌的另一个标志。2012 年，宜家商品目录在世界上的发行量超过了《圣经》。宜家充分认识到了商品目录的重要性，所以现在已经开发出相关技术来提升商品目录给消费者带来的体验效果。如今，消费者可以上网浏览宜家商品目录，还可以通过一个应用程序下载到手机上，点击你想购买的家具图片，然后将手机上的摄像头指向你想摆放这件家具的位置，这件家具的影像就会投射到房间里。这样，在动身前往门店购买之前，你就可以确切地看到家具安装到位的实际效果了。

宜家还意识到员工在打造品牌方面的重要性，并尽一切努力确保员工能享受到公平待遇。正如快速公司（Fast Company）报告的那样，"2014 年，宜家美国分公司利用麻省理工学院（MIT）的最低生活工资计算法，而不是当地最低工资，来确定门店员工的小时工资。结果，40 家门店中的 33 家提高了工资；50% 的员工在 2015 年获得了加薪"。员工快乐，顾客才会更快乐，这就是宜家的经营理念。快乐的顾客会成为品牌的吹鼓手，进而成为千金难买的回头客。

由此可见，一系列的体验塑造了消费者的感知和偏好，继而创出了品牌。

## 本章小结

标识始终是基本的，广告往往是至关重要的，但正如我们在星巴克、亚马逊、宜家的案例中看到的，它们都不是创建品牌的唯一要素。杰夫·贝佐斯有句名言说得好："所谓品牌，就是消费者在背后对你的评价！"他们对你的评头品足，往往是你所说所为的结果。在《别把标识搞得一团糟》这本书中，把品牌定义为"你所说的一切，你所做的一切"。在今天购物渠道众多的世界中，消费者渴望的是真切、迷人的体验，而不是哗众取宠、娱乐大众的广告。因此，现代品牌创建者们应当谨记，你的一言一行对品牌的建树都举足轻重。

---

### 延伸阅读

乔恩·埃奇、安迪·米利根著《别把标识搞得一团糟》（*Don't Mess with the Logo*），英国《金融时报》普伦蒂斯·霍尔出版社，2009。

# 错觉 6

## 品牌毫无财务价值

品牌既能创造经济价值，又能创造财务价值。它是为企业提供收入保障的特殊资产。

# 不识庐山真面目

在 20 世纪 80 年代前，人们普遍没有把品牌看作是金融资产，而是更多地将品牌和营销视为成本——回报难以证明的成本。在那个时候，企业是有价值的，而品牌却一文不值。消费者购买的是产品，而产品是在工厂里生产出来的，它是真正有形的东西，被赋予了价值，包括生产它的真正有形的建筑物、原材料、机器和生产线也是有价值的。因此可以说，品牌的确不同，它是无形的、虚的，很难用价值充分体现出来。

当然，这并不是说那个时候品牌就不重要。你需要在你的产品上贴上一个名签，不然的话消费者怎么称呼它们？而且你不得不做广告，否则消费者怎么能了解它们？产品还必须得包装好，反之消费者怎么会在货架上看到它，然后把它买回家？这些都是必要的商业成本。但这些与消费者无关，它们不是消费者所追求的价值，也不是消费者愿意支付溢价的价值。

品牌没有财务价值的观念因为一个案例被改变了。1988 年，作为一家鲜为人知但非常成功的澳大利亚食品企业——高盛大胆出手，预收购英国最知名的公司之一兰克—霍维斯—麦克杜格尔。该公司拥有霍维斯面包和麦克杜格尔面粉等备受消费者喜爱的品牌。

这次收购引发了一系列事件，最终形成了目前已践行多年的品牌价值评估惯例，即确定某公司所拥有的品牌的特殊财务价值。从技术上和法律上讲，这意味着品牌具有财务价值独立于它们所背书的任何商品或服务。

人们可以破天荒地证明，品牌确实是其所有者的摇钱树。联合利华的前身利华兄弟公司的创始人利华霍姆勋爵说过："我知道自己投入的广告费一半都打水漂了。只是不知道哪一半打了水漂。"也许这就是对没有考量品牌财务价值的感叹吧。

## 排行榜的局限

事实上，品牌没有财务或经济价值的认知误区今天依然存在。尽管世界各大会计师协会都批准对品牌进行估值，尽管品牌的价值赫然出现在各大公司的资产负债表上，但仍然有人坚持认为，不能对品牌进行估值，因为消费者所购买的不是品牌，而是产品。

一位专栏作家在英国一家营销杂志上发起了一场辩论，声称品牌估值纯粹是"胡扯"和"忽悠"。他的判断是以咨询公司公开发布的众多品牌估值排行榜为依据的，这些排行榜旨在为推动品牌估值服务做宣传。同一品牌，排行榜的估值往往迥异。有一个非常打脸的案例：当年诺基亚品牌的公开估值是 40 亿美元，微软曾以 70 亿美元将其收购，没过几年却以 3.5 亿美元把它转手售出，这似乎让诺基亚品牌 40 亿美元的公开估值大打折扣。这也印证了那位专栏作家所说的不是一点儿道理都没有。

然而，就因为咨询公司可能会在公关活动中夸大其词而拒绝品牌估值，和排斥房屋估值没什么两样，因为地产中介可能偶尔也会在其店面橱窗里虚夸地产的价值。房屋售价有时比公布的房价高，有时会比公布的房价低。所有估值都是这么一回事儿，但这并不意味着这些房子私底下没有价值，也不能对其价值予以评估。

## 品牌创造的财务价值和经济价值

品牌能为其所有者创造价值，即使是那位专栏作家对这点也不持异议。品牌是特殊的资产——它们是知识产权，受到商标法的妥善保护。因此，就像其他资产一样，它们可以也应该能估值。只是在协商收购它们时，我们不必非得接受强加给我们的估价。

不过，品牌并不仅仅是在某个时刻值得去进行特殊的财务估值，它还具有经济价值，而不只是财务价值。

经济价值的定义众说纷纭，从广义上来讲，经济价值是某人准备为某物支付的最高价格（而不是市场价值或财务价值，后者是他们可能支付的最低价格）。有一个定义比这个要有意思得多，那就是它们所能带来的财富生成潜力。

财务价值与经济价值不同的地方在于，财务价值意味着有些东西可以转化为金钱，而经济价值意味着有些东西有能力为你和他人创造财富。举个例子说明一下。比如你有一套房子，那这套房子的财务价值就体现在有人肯为此付钱给你。而房子的经济价值，就是由于房子的存在催生出来的一种经济：需要暖气和照明，装修和运行维护，于是一大批水管工、电工、油漆工和泥水匠就出现了；你还得向电力公司、供水公司、地方政府等付账；房子里面住着需要睡觉、吃饭、穿衣和娱乐的人——所以就必须买床、冰箱、烤箱、衣柜等，并用食物、衣服、书籍、玩具等填充进去。房子为你及家人提供了稳定的家，你们在里边生活成为好公民，好公民愿意为国家多做贡献，这对经济发展有着积极的影响。

换句话说，财务价值是指当你卖掉房子时所得到的报酬；经济价值是指你（或其他人）利用房子所能创造出来的东西。

房屋的财务价值随着其经济价值的增加而增加，进而为建筑师、建筑工人、管道工和装潢师等人创造了工作机会，也为房产增添了附加值。

品牌创造经济价值，是它们的所有者加以利用的结果。品牌所有者如何对品牌化进行投资，如何扩大品牌的影响力，如何保持品牌的历久弥新，始终保持与消费者的血肉联系并满足消费者的需求等，都需要品牌所有者有所作为。

让我们再回到兰克—霍维斯—麦克杜格尔的案例中去吧。

## 如何对品牌进行财务估值？

出于形势所迫的必要性，兰克—霍维斯—麦克杜格尔决定正式对其品牌进行估值，并将该估值举措置于战略的核心地位，以抵御高盛的恶意收购。但对其品牌进行估值的想法，是小型品牌咨询公司国际品牌集团的创始人约翰·墨菲的大胆创意。约翰在其《品牌之父》一书中写道，1988 年，他出差去澳大利亚，在澳大利亚的媒体上看到了关于高盛收购竞标的新闻报道。一家澳大利亚公司意欲收购一家英国公司，在澳洲引起了轩然大波。约翰凭直觉感到，高盛对兰克—霍维斯—麦克杜格尔的垂涎欲滴，并非缘于收购一家英国大公司给企业带来的自豪感，甚至不是公司合并后所形成的超级规模。真正令高盛神魂颠倒的，是兰克—霍维斯—麦克杜格尔的品牌，是成熟品牌所带来的价值。通过对这些品牌的收购，高盛便可获得立竿见影、持久不衰的投资回报。

在这里，约翰·墨菲已经触及了问题的核心：品牌是创造经济和财务价值的资产，而不单单是商业成本。它们拥有价值的原因，过去和现在说起来都简单至极，这就是，只要顾客或消费者依然看重品牌的价值，品牌就将继续拥有经济价值，因此也就具有了财务价值。国际商用机器公司是世界上最知名的品牌之一，对此没有人质疑，但是它有什么作用？它过去是用来制造电脑的，而现在却提供咨询服务。维珍的名字叫得很响，但它是航空公司？还是健身中心？火车服务？银行？系列软饮？婚庆服务？都是，而且还不止这些。

经济价值的概念对此给出了更进一步的解释。也就是说，品牌这一资产并不是在估值时才有价值的，它们一直为品牌所有者持续创造价值。

那么，对品牌进行估值需要考虑什么问题呢？

- **定价**

可以采用溢价定价或至少实现价格稳定，从而实现利润稳定（如果成本管理良好的话）。

- **需求生成**

精准定位人们想购买的品牌的商品和服务，而不是普通商品。

- **需求保障**

满意的客户在没有其他选择的情况下，或高兴的客户在无意做出其他选择的情况下，会再次购买该品牌，而不会给品牌所有者造成额外购置成本。

此外，还要了解品牌为其他人创造了何种经济价值。

- **满足了消费者的重复需求**

事实上，对于一些客户来说，他们青睐的品牌对于他们的家庭或商务至关重要。想想没有苹果电脑或微软办公软件的结果会是什么样子？或者如果没有杰西博（JCB）公司生产的挖掘机的话，建筑公司还能经营下去吗？

- **为股票市场或私人投资者赚取收益的资产**

设想一下，哪怕你就投资了一美元在 1984 年苹果或 1995 年亚马逊上面，那你现在手里攥着的会是什么？！

- **强势品牌在社会上是个宝**

当维珍获得了它的第一条铁路专营权时，就有人告诉维珍品牌创始人理查德·布兰森，他们必须以维珍品牌的名义经营这些铁路，以使公众对他们的服务充满信心。

品牌估值就是把企业赚到的钱进行量化，并对未来收益进行合理预期。它将市场营销的软因素（意识、偏好、宣传、形象）与财务的硬因素 [ 息税前利润（EBIT）、预测收入、动用资金 ] 联系起来，使品牌绩效成为全企业的问责问题，而不单纯是衡量营销人员的标准。

## 赋予品牌财务价值是值得的

尼克·利德尔是国际品牌集团的前品牌估值主管。他在《别把标识搞得一团糟》一书中，清晰地阐明了这一点。我们认为他说得十分透彻。尼克解释说，在冰冷、现实的估值世界里，人们把品牌视为一种商业资产，就像工厂、装配线，甚至是一支简单的圆珠笔一样。这种观点认为，强势品牌能为其所有者创造价值，因为它们鼓励更高水平的销售（因此利润也会水涨船高）。加之强势品牌还鼓励与客户建立稳定、忠诚的关系，因此，未来的销售就有了保障。简言之：

**强势品牌 = 风险较低 + 更高利润**

至关重要的一点是，如果该"品牌"受到商标（或一组商标）的保护，那么，它就可以像任何其他资产一样进行买卖。但与大多数其他资产不同的是，品牌没有开放的市场。工厂的价格可以通过查看最近的交易情况来进行评估，或者通过计算出购置土地和从零开建工厂的成本来加以估值，但品牌从定义上讲是独一无二的，不会像工厂、机器和圆珠笔那么频繁地被买卖。幸运的是，许多不同的公司（包括大的会计师事务所）对品牌的估值有不少实践性的总结。

- **从品牌化的历史成本看**

这很简单，你只需要把在品牌建设上的投资金额全部记录在案，就能看出品牌价值。但你面临的问题是："怎么样的投资才能算作品牌投资？"肯定不只是营销支出吧？而且，很多品牌都有几十年的历史了，你又如何保证这些记录的准确性呢？如果你的支出与它的价值等量齐观的话，那投资的回报也就无从谈起了。

- **考量相似品牌的价值**

这样做虽然说得过去，但品牌应该是独特的，"相似"品牌的价值却极少相似，即便同一类别也是如此。比如，可口可乐最接近的竞争对手百事可乐的价值，只是可口可乐的一个零头。

- **看看更换品牌的成本**

如果你必须从头开始的话，那就可以计算出你需要投入多少钱才能形成与现有品牌相似的知名度、销售额和忠诚度。但是，考虑到你终归是在与行为经济学（人们的行为在任何时候都会受到许多不同变量的影响）打交道，因此，依靠任何逻辑都很难做到这一点。

- **品牌特许费剥离法**

通过比较"相似品牌"收取的使用费（可以在各种数据库中找到），便可以确定品牌商标特许费的收费额度。然而，品牌之所以有价值，是因为它们刺激了更高的利润，降低了风险。从理论上讲，品牌特许费剥离法能够算出品牌创造出的利润（通过使用费体现），但对风险的预警却无济于事。

- **品牌贴现收益法**

根据国际会计准则，深受人们欢迎的估值方法是贴现收益法，也叫现金流量法，它包括下面几个问题：

首先，企业的盈利（或现金）中有多少可以归功于品牌？

品牌偏好是重要的，决定了消费者的购买选择。如果消费者对你的品牌不太感冒，但仍迫不得已地去买，这其中一定另有原因。比如，某位男士平常给汽车加油时不太喜欢壳牌而是更喜欢英国石油，但如果汽车需要尽快加油的话，他便会到最近的加油站去，此时就管不了是什么牌子了。还有如果某位女士喜欢香奈儿5号，她就会去买这个特定的产品，而不会只要是香水就行了。在这种类别比较中，与香水行业相比，"品牌偏好度"在石油行业中的重要性显然要小得多。

故而要想弄清楚收益中有多少是因为消费者更喜欢你的品牌所致，就必须把企业的收益分成"有形的"和"无形的"（有形的是指工厂、设备、加油站以及你可能拥有的汽油等东西，即看得见、摸得着的东西），然后，确定有多少"无形的"收益是由品牌产生的，而非其他诸如专利、分销协议等无形资产带来的，这样产生的品牌估值会对改进成本投资有一定的帮助。

**其次，什么级别的风险应该与这些预测的品牌收益（或现金）挂起钩来？**

人们可能更喜欢你的品牌，但他们会向你提出"需求"吗？以银行为例，很多人是英国巴克莱（Barclays）银行的客户，但没有证据表明大多数人喜欢这家银行。然而在英国，第一直营银行或大都会银行都有忠实的客户向外人积极力荐。因此，巴克莱品牌的需求安全性可能比第一直营银行或英国大都会银行的相对要低。

所以，品牌所有者必须确定你的品牌对客户有多强的亲和力，客户对你的品牌有多高的忠诚度，还要考虑其他影响这些需求的因素，比如你的品牌的可购性。财会人员可以对这种优势进行分析，并将其转化为风险率。通过将这一风险率应用到未来数年的品牌收益预测中，并将这些收益相加，你就能得出一个净现值。这就是品牌的财务价值——假设有人准备为此埋单的话。下图显示了这个过程。

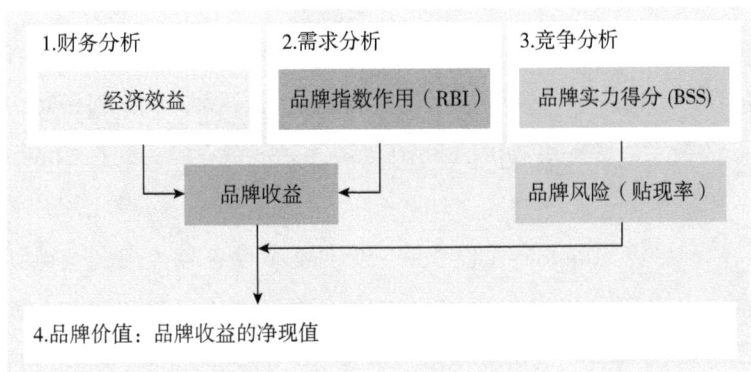

| 1.财务分析 | 2.需求分析 | 3.竞争分析 |
|---|---|---|
| 经济效益 | 品牌指数作用（RBI） | 品牌实力得分 (BSS) |

品牌收益 ← 品牌风险（贴现率）

4.品牌价值：品牌收益的净现值

**品牌价值评估：国际品牌集团的方法**

注：国际品牌集团是第一家品牌价值评估方法获得认证的公司。其方法符合国际标准化组织 ISO 10668（品牌估值规定）的要求，并在标准本身的制定中发挥了关键作用。

身陷品牌毫无财务价值认知误区的人可能会问，为什么公用事业或石化行业的品牌（它们不是日常消费品）在品牌估值上比香奈儿等众所周知的品牌更值钱？答案是：汽油比香水的生意大。比方说，2017 年度，英国石油的营业额为 2400 亿美元，这是近年来其年营业额第十次超过 2000 亿美元的大关。2017 年，香奈儿的营业额才首次达到 100 亿美元。消费者对香奈儿的需求可能高于对英国石油的需求，但和英国石油比起来，香奈儿品牌在较低总值中占比较高。从财务上讲，英国石油所拥有的品牌价值更高。

这一差异体现在 1996 年国际品牌集团自己的排行榜上。他们所编写的《世界上最伟大的品牌》一书中，把麦当劳品牌排在榜首，因为这本书只注重品牌实力。但奇怪的是，国际品牌集团同年在《金融界》（*Financial World*）杂志上发布的品牌价值排行榜中，价值

180 亿美元的麦当劳却排名第三，屈居可口可乐（在两榜中均名列第二）和品牌价值 446 亿美元、排名第一（但按品牌实力却排名第十）的万宝路之后。为什么会是这个样子？嗯，因为即使是在今天，全球香烟市场仍然比全球可乐或快餐店市场要大得多。根据各种消息来源，2016 年，全球卷烟市场价值 6830 亿美元，软饮料市场价值 2860 亿美元，快餐市场价值 5390 亿美元。消费者购买的香烟依旧比汽水和炸薯条要多。

因此，健康的品牌价值表明，你拥有一个在伟大市场上得到伟大企业支持的伟大品牌；低端品牌价值意味着不是品牌薄弱，就是公司薄弱，要不就是市场薄弱。如果你不深入到估值的细节中去，就不可能知道问题出在哪个方面。

身陷这个认知误区的人还说："品牌估值是主观的。"确实如此。无论你在评估什么——房子、汽车还是工厂，估值总是有根有据的猜测。当分析师对整个公司进行估值时，做法也没什么不同。他们会尝试预测收益或现金流，也会尝试评估这些收益有多大的风险。就像分析师的估值一样，品牌估值代表了品牌价值的专家观点。

对大多数公司来说，品牌价值本身恰恰是次要的，重要的是，好的品牌估值方法兼顾了不同来源的海量数据，包括财务和营销数据，并把这些数据整合到一个框架内。即使估值结果并不尽如人意，但是，品牌所有者经历的估值过程会迫使他们认真思考自己的品牌是在哪个环节中创造价值的，它能让财务团队和营销团队不去自说自话，而是处在同一个信息平台上，讲共同的语言。估值结果可以每年都更新，这样品牌所有者就有办法来了解公司在实现目标方面的效果如何，以及将来应该设定什么样的目标。如果估值足够高，让人印象深刻、难以忘怀，你还可以把它写进年度报告，让股东们分享你的快乐，甚至你还能从免费宣传中获益。这些宣传包括荣登诸如享有盛誉的《商业周刊》(*Business Week*)的品牌价值排行榜。正如爱因斯坦说的那样："不是所有重要的东西都能计算出来，也不是所有能够计算出来的东西都至关重要。"

千真万确。

## 本章小结

品牌代表着未来收入的保障。企业可以利用品牌的财务估值来改变自己的业务：

一、把品牌转化成为业务中心，以确保所有运作协调一致。

二、有助于放下那些本质上不错但对品牌建树业已无关紧要的业务。

---

**延伸阅读**

1. 约翰·墨菲著《品牌之父：发明品牌的人》(*Brandfather: The Man Who Invented Branding*)，图书公会出版社，2017。

2. 乔恩·埃奇、安迪·米利根著《别乱弄标识》(*Don't Mess with the Logo*)，英国《金融时报》普伦蒂斯·霍尔出版社，2009。

# 错觉 7

## 差异化已死，特殊性必胜

实际情况是，品牌化建设孜孜以求的一直是差异化，而差异化正是通过特殊性来实现的。你既需要差异，又需要独特，二者不能偏废，必须兼顾。

# 品牌的差异化和特殊性有何不同？

一段时间里有一种说法甚嚣尘上，这个说法据考来源于对拜伦·夏普所著的《品牌如何成长：市场营销人员不知道的东西》断章取义的解读，虽然这是一本很不错的书。该书认为，品牌之所以会成长，是因为品牌与消费者真正视为与众不同的一些特质有关，而不单单在于一个差异点。结果，一些人以此为依据，提出了"品牌的特殊性更重要，而差异化无足轻重"的观点。事实真的是这样吗？

首先，让我们试着就一些定义达成共识，因为问题部分出在人们对"差异"和"独特"这两个词的不同理解上。

联想起人们给这些词语赋予意义的方式，《爱丽丝镜中奇遇记》中汉普蒂·邓普蒂（Humpty Dumpty）和爱丽丝（Alice）的对话很能说明问题：

"当我用一个词儿时，"汉普蒂·邓普蒂用一种相当轻蔑的口吻说："它的意思正是我所要表达的意思——正正好好，不多也不少。"

"问题是，"爱丽丝说："你能用一个单词表达出这么多不同的意思吗？"

"问题是，"汉普蒂·邓普蒂说："要以哪个意思为主——仅此而已。"

就目前而言，对一些营销人员来讲，"为主"的意思似乎就是拜伦·夏普的意思：

差异（对消费者来说是一个好处或者说是"购买的理由"）和特殊（一个看上去像自己的品牌）是两个不同的东西。

随后，拜伦·夏普接着讲：

"这不仅仅是语义学上的问题，任何律师或法官都会这样告诉你。特殊性（品牌）在法律上是可以保护的，而差异化则不能（有时间限定的专利保护除外）。"

我们认为这些实际上是对语义枝节的条分缕析。查阅任何一本词典或百科全书，你都会发现差异和特殊是密切相关的。事实上，词典给"差异"一词下的定义是"区分或区别两个或多个事物或人的行为或过程"；给"特殊"一词下的定义是"独特的"。

不管如何定义"差异"和"特殊"，实际情况是，品牌既需要差异，又需要独特，二者不能偏废，必须兼顾。品牌化建设孜孜以求的一直是差异化，而差异化正是通过特殊性来实现的。

## 差异化的三条法则

可口可乐最成功的首席执行官之一郭思达提出了三条著名的打造成功品牌的法则：

差异！差异！！还是差异！！！

从法律意义上讲，品牌的存在是为了把供应商区分开来，这就是为什么我们有商标法的缘故。商标法确保恰当的区分受到法律保护，允许任何供应商保护他们的贸易免受他人的仿制或伪造，同时也确保所有买方（客户或消费者）买到或使用保真的商品或服务。

如果对郭思达的三条法则的内涵做深入解读的话，可以从以下三个方面入手。

### ● 通过品牌的名称来实现差异化

你必须给品牌起个名字，而且这个名字在市场上没有其他人可以复制。它必须有别于市场上的任何通用术语，也不能应允其他任何人用其来描述自己的产品或服务的与众不同。因此，即便你送货服务的独特之处是速度，你仍然不能把"快速"或"迅捷"这样的词儿注册成商标加以保护。你必须得在其上面再添加另外一个词，或创建一个像"快线通"（FasTrak）或"事必安"（Speedline）这样的新词。任何有别于通用术语——其他公司也可以借此表明它们的送货服务很迅捷——的表述，都应该允许使用。

这就是为什么如此众多的公司选择与众不同的名字，它们需要真正做到另辟蹊径：奥凯多（Ocado），亚马逊，施乐（Xerox），硕脑，月亮猪（MoonPig）……这样，才能更容易依法保护企业和消费者的利益。

## ● 品牌形象或表达的差异化

标识、颜色、意象、包装形状、广告语等都是分辨同类品牌差异的形式，消费者终归需要借助于这种形象的差异化在货架或大街上快速找到他们想要的东西（想想麦当劳的那些金色拱门）。品牌甚至可以帮助消费者去进行选择，因为人们喜欢的颜色或形象总是千差万别的，可口可乐是红色的，健怡可乐（Diet Coke）是银色的，你喜欢哪个颜色就选择哪个颜色吧。品牌还有助于给不同的用户传达信息或对产品加以区分，联合利华生产的海飞丝（Head & Shoulders）洗发水品牌，多年来一直瞄准那些饱受头皮屑困扰的男性市场，后来他们决定推出女版系列，看配方变化并不大，改变的只是香型，而形成决定性差异的主要还是外包装颜色——女用洗发水是粉色的，男用洗发水是蓝色的。这种差异化有助于消费者快速发现、认知并过目不忘。

消费者都能记得起自己认识的品牌，常常凭借标识就把它们与其他产品区别开来。正因为标识如此与众不同，消费者甚至不需要看见标识的全部——只需瞥见一个字母或者标识的一半，就能心领神会地把它辨认出来。比如，孩子们只要看到 500 码开外的金色拱门的顶部，就会缠着父母要去吃麦当劳；看到一个苹果侧面被咬掉的标识，就知道它是苹果公司的产品……事实上，有些拼图游戏和在线游戏完全是围绕猜测品牌标识而设计出来的。这就是差异，也是特殊。

### ● "有价值的"差异化

消费者购买或喜欢某个品牌的原因，在于这个品牌对他特别有吸引力。比如，大多数人选择乘坐瑞安航空是因为价格，低价是瑞安航空品牌的独特之处。但世界上低成本的航空公司并非就瑞安一家，甚至有时候在任何一条航线上瑞安可能不是最便宜的，这时候，让瑞安有别于其他航空公司的主要原因，就是它比其他公司做得更好，以至于在市场上形成了一种总体差异感，让人们有理由去义无反顾地做出选择。这里的"更好"或者至少被认为是"更好"就是一个差异点。

在汽车行业，消费者一向认为德国汽车的"做工"更好，这种认知感是由数十年通过做工对质量性能的持续提升和积淀，以及公众对德国造汽车高质量做工的总体印象获得的，宝马、奔驰和大众都从中受益匪浅。其中一些看法是可以加以检验和证明的。1879 年，卡尔·奔驰首先为内燃机申请了专利，而在 1886 年又获得了第一辆汽车的专利。《财富》杂志称，这家德国汽车制造商的品牌实力，是以他们对卓越工程的专注和承诺为基础的。《财富》杂志还指出："在一个崇尚技术和工艺的国家，工程师的地位令人仰视。"

## 要有意义

一个品牌之所以与众不同，是差异化和特殊性的双重叠加，只有对品牌化建设有意义，差异化和特殊性才会显示出价值来。如果像拜伦·夏普所说的，人们喜欢一个品牌，没别的原因，就是因为喜欢，可能会事后马后炮，对自己的偏好给出一些合理的解释，但本质上讲，所做的选择还属于感情用事。比方说，许多人从小就爱吃早餐麦片粥或巧克力棒，这跟大家最喜欢的运动队或者大腕名人没什么区别。如果这么理解，那区分品牌的差异化和特殊性孰重孰轻就没有意义了。

足球俱乐部也是品牌。对许多人来说，他们对自己最喜欢的足球队的选择很大程度上是天生的，或是出于偶然，或是激情所致，或是因为球队里有自己喜欢的球员，或是喜欢这支球队的队服。有一位英国普利茅斯足球俱乐部（Plymouth Argyle）的球迷，出生在伯明翰，与普利茅斯没有半点儿关系，但是在五岁那年，他看到了普利茅斯俱乐部的徽章（载着清教徒先祖们去美洲的"五月花号"船），他非常喜欢，于是也就爱屋及乌地喜欢上这支球队。打那以后，他一直支持着这支球队，因为他喜欢他们的标识。这就是如今人们所说的品牌忠诚度，也是区分差异化和特殊性孰重孰轻毫无意义的一个范例。

但无论如何，我们想说的是，情感动机是极其理性的，它可能不符合逻辑，但不管是恐惧或淡定，是爱或恨，是邪恶或善良，都是人们对环境或人的完全理性的反应。对人类来讲，怀旧感、个人认同感、归属感或与他人共享的世界观，都是完全理性的。

因此，我们非常赞同拜伦·夏普的观点——即使我们不喜欢"毫无意义"这个词——我们激情采购，然后理性地为自己的采购辩白，这一过程需要目睹、欣赏和认识一些与众不同之处。

## 要"拥有"和"占有"

品牌的"拥有"是一种法律意义上的区分点，如品牌名称、标识、商标字体、颜色等，通过注册获得品牌的专有权利，此外包括一些相关的专利技术，比如苹果手机屏幕上的滑动功能，尽管这些专利有使用期限。

品牌的"占有"是通过强化在消费者脑海中占据的"空间"来塑造自己的特殊性的。沃尔沃并不比其他大牌汽车制造商的产品更安全，但如果你去问问人到中年的司机，他们心目中的沃尔沃车最大的特点是什么，答案很可能是"安全"。这是多年来沃尔沃一直致力于向司机们灌输这一信息的结果。

这就像你有一幢房子，你拥有的是房屋的产权（或租赁权），在这个房子里，你占有的东西——包括房子的设计、建造、装修方式以及各种家具和管件的安排。所有这些便形成了可以改变甚至失去房子的特殊性，即使房屋倒塌，居住在那块土地上的法定权利仍然存在。

成功的品牌会始终如一地专注于得到客户特别是员工认可与重视的形象和体验。就拿手机来说，创造力、酷酷的设计和人性化（用户友好型）的产品并非苹果所"独占"，三星也宣称这些特点自己一个都不少，但是，苹果却能紧紧抓住这些特性不放，进而创造出了一个与众不同的品牌。产品和店面简洁的单色造型，标志性的图形和产品设计，声音的音调（"Hello"；"加利福尼亚设计"），员工轻松、友好的营销风格，对取悦消费者的重视以及产品发布时带来的"尖叫"效应，所有这些都形成了消费者对苹果品牌的独特印象。虽然对苹果的这种感觉大多数消费者很难说得清道得明，但人们都知道、认识并且认同这个品牌。

同样地，从任何法律上或所有权意义上讲，耐克都不"独霸"在创新、业绩和实力方面"超出个人最好成绩"的赞誉。阿迪达斯和耐克各自都拥有一批高水平的运动员用户，都生产闪现体育科技灵感的产品，也都做过令人印象深刻的广告，目标都瞄准了普罗大众和体育明星。其他品牌，如奥尼尔（O'Neill）、匡威（Converse）、彪马（Puma）和锐步，也都有能力运作和涉足类似的事情。然而，耐克通过不懈的努力，让品牌占尽先机的鲜明艺术和设计精神，大胆的营销，当然还有一掷千金的品牌化壮举，让自己的品牌深深嵌入消费者脑海里。结果呢，耐克之名、旋风（Swoosh）标识和那句脍炙人口的广告语"干就是了"（Just do it）成功地占据了消费者的心灵空间。

## 要卓尔不凡

英国作家奥斯卡·王尔德曾经说过："世界上只有一件事比被人议论更糟糕，那就是没人议论你。"对于品牌来说，这句话再正确不过了。如今，卓尔不群以及由于特殊和卓越而被承认和推荐，比以往任何时候都要重要。"才下心头，又上舌尖"（top of mind and tip of tongue）是我们最欣赏的说法，品牌如能做到这一点是谓之难得的。埃伦伯格－巴斯研究所的研究结果表明，在琢磨品牌之间的细微差异方面，消费者花的时间较少，而在与他们觉得有趣和特殊的品牌互动上却花了不少工夫。这没有什么大惊小怪的，消费者中有谁会花很多时间去思考可口可乐和百事可乐有哪些特殊性吗？

不过，在20世纪70年代和80年代，倒有一个人们耳熟能详的口味盲测案例。百事公司曾一再证明，消费者其实更喜欢喝百事可乐而不是可口可乐。他们给消费者提供两杯无品牌可乐品尝，然后请他们说出更喜欢哪个口味的可乐。显然，百事可乐占了上风，因为它的配方会让饮用者产生一种更柔和、更甜美的口感。尽管如此，当把各自的品牌贴到饮料瓶上和超市及当地商店的货架上时，多出数百万的消费者还是会选择可口可乐。有一点不可小觑的是，作为更大牌的可口可乐，拥有更多的营销实力和资金。虽然百事甚至聘请过大卫·贝克汉姆出面担任品牌代言，但此举并未能力挽狂澜、扭转乾坤。

这说明，消费者清楚哪种可乐是独特的、熟悉的和易于识别的，他们知道自己想得到什么，即使他们不能一五一十地给出符合逻辑的清晰透彻的解释。体现在受保护商标品牌差异性上的可口可乐的特殊性，战胜了口感明显"更好"的百事可乐的差异化。

值得注意的是，消费者选择品牌的方法，是基于对品牌特殊性的总体感觉，而不是哪个行业都可以共用的特征和优点。事实上，消费者从来都没有太多的时间去质疑这些品牌的差异化，相反，每逢消费者想到一个品牌时，总会将其与一种感觉或联想联系在一起，即由一系列特征或益处支撑起来的特殊的东西，一些让他们感觉良好的东西，一些能成为他们谈资的东西。在日益凸显的消费变革中，消费者考虑的时间越来越少，而选择面却越来越宽。在这种情况下，品牌所有者需要谨记在心的是：特殊性是唯一重要的东西，现在需要不懈的努力、旺盛的精力和丰富的想象力，以保持自己的鲜明特色，从而达到卓尔不凡和回头客接踵而至的目的。

那么，在什么上发力、怎样去努力才能做到卓尔不凡呢？

答案寓于三个简单的原则之中。这些原则在《有意为之：奉献给人的喜爱的品牌客户体验》一书中都做过阐述。该书建议，如果你想要自己的品牌保持相关的独特性，能钻到消费者的心里，成为他们街谈巷议的话题，那就需要让品牌立得住、叫得响、行得稳。

### ● 立得住

这意味着要树立远大目标或开创宏伟事业，对品牌化建设孜孜以求，久久为功。

2010年，英国大都会银行成为近150年来成立的第一家新型零售银行（high street bank），很快它就成为业内茶余饭后的谈资，俨然是横空出世的一匹超级黑马。

大都会银行明白，要做到卓尔不凡，首先必须捍卫客户最看重的东西，并以此为基础展开服务，因此，他们把这一想法作为品牌化建设的目标，制订了很多策略。在 20 世纪的最后十年和 21 世纪的头十年，越来越多的银行撤出商业街，或纷纷关闭分支机构，或减少对许多分行客户体验的投资，或醉心于更多的网上和电话银行业务，或开发越来越多的新金融产品和更为复杂的金融服务、跨区域零售、企业与投资银行业务，等等。很难说清楚这些银行一天到晚都在忙些什么，业务的重点又是什么，这导致了不少客户对银行怨声载道。显而易见，银行的心思并没有花在客户的身上。

大都会银行单枪匹马闯进市场的目标简单明了——分行主导客户服务，在社区和客户的生活中发挥不可替代的作用。英敏特（Mintel）市场研究咨询公司的一份报告似乎支持了他们的这一观点。有记录显示，84% 的客户喜欢经常或定期地去银行分行；25% 的客户甚至表示不设分行的银行概不考虑。大都会银行还决定将重点放在对客户最看重的产品上。他们专注于客户或公司的活期账户、储蓄账户和信用卡，因为他们对谁是自己的核心客户有着清醒的认识：想找办事儿方便的银行的普通人。他们会提供便民服务，让人们"爱上他们的银行"。大都会银行使用的服务用语也非常便于客户记忆，堪称是"把你放在第一位的银行"。事实上，大都会银行关照的已经不能算是顾客，而是银行的粉丝。正是这个小小的亮点，让英国零售银行发生了革命性变化。

● **叫得响**

这意味着要通过全方位在各个接触点上主动为客户或消费者提供可重复的不同凡响的体验，从而把自己的品牌与竞争对手区分开来。

　　为了你的品牌能占据人们的脑海，你总得做出一些值得人们街谈巷议的事情吧。大都会银行的收益率虽然并不是最具竞争力的，但是该银行却在客户最重视的方面舍得投入。过去老旧银行的营业时间一般为星期一至星期五的 09:00-17:00，如果运气好的话能赶上星期六上午营业，这种做法主要是方便银行结算业务，但对上班族来说极为不便；大都会银行一改惯例，把方便客户需要放在首位，调整了营业时间，为星期一至星期五 08:00-20:00；星期六 08:00-18:00，甚至连星期日的营业时间都是 11:00-17:00。老旧银行的员工常常高挂一脸秋霜地端坐在玻璃窗后，会让客户产生强烈的隔离感；而大都会银行的友好员工则会在银行大厅里四处走动，服务台也是完全开放式的，使客户很容易产生亲近的感觉。在老旧银行申请开立银行账户，需要经历一个漫长、痛苦的过程，有成叠的表格要填，还得有推荐人以及一再反复的审核、等待；大都会银行提供即时开户服务——从走进到走出银行，不用一个小时就能全部办妥，立马可用。对客户来说，走入老旧银行就像是迈进太平间，全都哭丧着脸；而大都会银行连狗都允许进来（甚至还为它准备好了水碗），孩子们也可以在魔术货币机上玩游戏。大都会银行分行找起来方便，去那里办理银行业务更方便，这样贴心的举措客户能不投怀送抱才怪呢！

- **行得稳**

　　这意味着要创造、保持和发展适当的文化，以确保长期、可持续和道地的品牌体验。

　　大都会银行深知众口难调，既然不能强求人人都说好，那只能选择提供卓尔不凡的客户体验来赢得客户的信赖。大都会银行非常注重服务风格和服务态度，大力倡导不拘泥和趣味性强的企业文化。它设计的运行机制旨在提升员工的服务能力。它的服务理念很简单：

一个人可以对客户说是，两个人才能对客户说不。在坚持这些原则并通过公关活动和社交媒体支持这些原则换来的回报是，客户群迅速扩大，很多客户逢人便讲大都会银行的好处，为大都会银行做了许多免费广告。成立六年来，大都会银行在常规广告上的花费还不到 10 万英镑，但品牌认知度却达到了 82%。将其大型、大胆、现代、高度品牌化的分行当作商业街上的活广告牌来用，使得大都会银行受益匪浅。

十年磨一剑。大都会银行已经在银行业界做得风生水起，一枝独秀，在英国商业街上刷出了超强的存在感。该行的存款已达 117 亿英镑，贷款总额为 96 亿英镑，拥有 55 个分行和 120 万个客户。前面提到的英敏特的研究表明，大银行的客户流失量已逾 300 万。有鉴于此，大都会银行专注于与众不同和独辟蹊径的成效无疑是显著的。

## 本章小结

所以说，将品牌的差异化和特殊性偏颇起来是没有意义的，鱼和熊掌可能都会兼得，就看你怎么做了。

极客战队是快速跻身于美国国内信息技术服务领军供应商行列的一朵奇葩。它的创始人罗伯特·斯蒂芬斯说过："所谓营销，就是你为自己的不引人注目而上的税。"

品牌所有者应该问问自己，你们究竟交了多少"税"？

---

延伸阅读

1. 拜伦·夏普著《品牌如何成长：市场营销人员不知道的东西》（*How Brands Grow:*

*What Marketers Don't Know*），牛津大学出版社，2010。

2. 肖恩·史密斯、安迪·米利根著《有意为之：奉献人们喜爱的品牌客户体验》（*On Purpose: Delivering A Branded Customer Experience People Love*），科根－佩奇出版有限公司，2015。

# 错觉 8

## 客户永远是对的

正确的品牌思维方式应当是："对的客户永远是对的。"

# 不是所有的客户都是对的

在商界有一句被奉为圭臬的话，这就是："客户永远是对的。"乍一听很有道理，但细究起来，却有点像建立在真实和虚幻基础上的古代神话，难辨真伪。

正确的品牌思维方式应当是："对的客户永远是对的。"

许多公司大谈特谈客户至上，这固然值得称道，但意义不大。有太多的公司都有自己的价值宣言，其中就包括以客户为本的说法。事实上，根据我们的经验，对众多的公司来说，客户并非它们的优先选项，股东才是，尽管这些股东只有在公司不断增长和有盈利收入时才能获得可观的回报，而且这也只能以拥有客户、拥有全情投入的客户为前提。2011 年，泰姆金集团（Temkin Group）对各类公司的员工进行了一项调查，得出的结论是，为真正以客户为本的公司效力的员工中，多达 99% 的人都表示，他们会"不遗余力帮助公司取得成功"。

但是，成功的品牌不会在所有的客户身上都平均用力，对他们等量齐观。成功企业要做的第一件事，就是弄清楚谁是自己的最有价值的客户这个首要问题。这与知道谁是你最大的客户群是不能相提并论的。因为可能你有很多客户，但他们并不见得都能给你带来可观的收益。从最广义上讲，帕累托法则——20% 的投入能有 80%的产出——这种"二八现象"对商业客户来说是正确的。这就是为什么说细分客户非常重要，你要弄清楚到底谁是最有价值的。

通常说来，最有价值的客户是那些经常从你这里采购的人，或是经常从你这里购买新产品的人，或是对你感到十分满意并为你摇旗呐喊的人，这样的客户通常被称为"粉丝"。英国电信运营商 O2

制定了自己的"粉丝"指数，以帮助该公司搞清楚谁是最大的客户，以及为了让他们满意自己都做了哪些事情。但要注意，不要犯把客户群划分得过于琐碎的错误，那样的话，你就没办法为他们分门别类地做什么有意义的事情了。

有不少公司并没有下功夫去研究自己的目标客户是谁，并围绕着这些目标客户来建立企业价值观。它们常常把所有的客户都一视同仁地看待，只要能多揽客户就高兴得不得了。如果你对所有客户平均用力，那么最终你就会失去主攻方向，变得既没有差异性也没有特殊性。倘若你对某人没有什么意义，那你对任何人都没有任何意义。

曾经有一些知名品牌放任地允许其价值被稀释，因为它们对目标客户没能做到精挑细选。比如，巴宝莉发现，其品牌与那些没能反映出品牌理想形象的客户群扯上了干系，从而令那些能代表自己品牌价值的客户望而却步、退避三舍。正如2008年《每日邮报》(*Daily Mail*) 报道的那样：

> 巴宝莉变得无处不在，令人感到很不舒服。很快，其独特的格子图案便被人们视为新涌现出来的傻瓜一代的"荣誉标志"。
>
> 前肥皂剧明星丹妮拉·韦斯布鲁克 (Daniella Westbrook) 母女俩从头到脚穿戴着巴宝莉上街的那一天，便敲响了公司信誉的丧钟。它必须改变，它必须迅速改变。

最终，醒悟过来的巴宝莉扭转了这一局面：重新制定新的品牌目标，重新设计自己的创意产品，改善客户体验，吸引对的客户。其经典的风雨衣艺术宣传战役就是一个极佳的范例。

其他公司也采取了戏剧性和象征性的行动，以表明他们对什么样的客户推崇备至，对什么样的客户置若罔闻。西南航空公司在大部分时间里都是领先的低成本空运商，其首席执行官赫伯·凯莱赫讲了这样一件事。有位乘客给西南航空写信，措辞强硬地状告他们的一名员工。西南航空公司高度重视企业对员工肩负的责任，他们的口号是"文化为王"，因此，他们并没有因乘客的投诉对该员工大加责难，而是进行了彻查。他们得出的结论是，该员工行为得当，无懈可击。于是，公司致函告污状的乘客，公布调查结果，对投诉予以驳回，并告诉他，今后不再欢迎其搭乘西南航空公司的任何航班。

第六感是一个豪华连锁度假村，环境感极强。前来度假村参观的游客都得暂时远离尘嚣，不能穿鞋，要做到静如止水、观心自在。想要享受各种现代化便利或"珠光宝气"的奢华，最好别到这样的地方来。一名客人对此深恶痛绝，逢人便讲，怨气连天，所有的员工、经理和其他客人都成了她发泄不满的对象。总经理非但没有随声附和、对服务做出任何调整，而是安排了一架直升机把她带离海岛，送到了另外一个她更中意的地方。

这两个例子都说明，"客户永远是对的"在现实中不一定是真理，有时候真理与谬误之间就差一堵墙。

## 识别你的客户群

有句老话说得好："往鸭子飞的地方开枪！"要把自己的精力集中在最有潜力的领域，而不是浪费宝贵的时间与那些对公司业绩没有积极影响的客户在一起，他们会占去你太多的时间。毋庸置疑的是，对价值较低客户的过度服务，就意味着对有价值客户的服务不足，而他们才是能对你的业务产生真正积极影响的人，这样做得不偿失啊!

要把好钢用到刀刃上,就要求识别好你的客户群。

怎样识别出那些不对的客户,许多公司各有各的高招儿。

很多公司会对客户群进行定期梳理,如果做得好,这对客户和公司来说都会是件好事。例如,你可能收到了煤气、电力或电视/宽带公司的通知,建议你采用更合适的付费模式。银行对此特别感兴趣,尽管这可能会给业务带来一些意想不到的冲击。有家银行对其客户进行审查后关闭了数个账户,因为这些账户已经不再与业务战略相符(说白了就是账户没有大到值得保留的程度)。结果,他们这家银行提前六个星期通知关闭一家公司的账户,而该公司成为他们的客户已近 20 年的时间。劳燕分飞可以,但有比这好得多的方式来说再见。

在找到对的客户并为他们提供定制服务方面遇到的挑战之一,就是要直面一种模棱两可的状况:并非所有的客户都是平等的,但每个客户都具备成为平等客户的潜力。因此,就需要对客户的未来价值加以确定,由此开列出一个初始优先目录。你需要给客户确定等级,比如说 ABCD,这是大卫·基恩和克里斯·考珀在他们的《如何赢得朋友赚到钱》一书中给出的不错的建议。给客户定级,将有助于你确定主攻方向,还能帮助你别把时间浪费在那些消耗你精力、负能量爆棚的客户身上。在他们那里赚不到钱不说,弄不好还会让你赔个底儿朝天。

### ● A 级客户是关键的战略目标

在追求品牌有机增长的过程中,围绕其进行的品牌能量配置必须最为有效。品牌要与这些客户建立起密切的联系,他们反过来也将通过社交媒体在更宽泛的客户社区里为品牌做宣传和推介。你要为这些客户提供最好的产品或服务,也可以利用他们来测试和试验新的产品或服务。还能做得更好的是，你可以多花些时间深入了解他们——通过定性、定量或人种学研究，最好是实时研究——这样，你就可以确定他们对你还有其他哪些需求或要求。他们也能借此指出品牌中需要改进的地方，甚至还会把竞争对手对品牌的想法反馈给你。这可能会让你吃惊不小。这些客户才是对的！

● B 级客户是品牌的老铁

B 级客户与你的关系很瓷实，也有相当的活跃度，只是不像 A 级客户那样活力四射，增长迅速。他们的反应速度可能较慢，需要更长时间来接受新产品和服务，或者是改变习惯。但是，他们也可以成为客户营收的基石，因此，对他们的投资是必须的。

● C 级客户处于服务和维护状态

你和 C 级客户的关系很可能也不错，但他们永远不会有 A、B 两级客户那样的品牌提升力和营收潜力。他们是蛮不错的客户，你要继续为他们提供实在的（但不是特殊的）服务，但不要寅吃卯粮，过度投资。当你决定剔除这样的客户时（就像前面提到的那家银行做的那样），要考虑到由此给品牌声誉带来的风险，这样做到底值不值当。

● D 级客户可能应该从你的名单中剔除

D 级客户是不折不扣的利润稀释剂，他们会消耗你一线同事的精力，因为他对你们的服务永远都不会说出一个好字；他们会在账单或价格上纠缠不休，还会在社交媒体上不停地对你发牢骚。丢掉他们需要勇气，有时还得破费（就像第六感度假村动用直升机把客户送走那样），但这是值得的。有传言称，全球最成功的咨询公司之一每年都会实行末位淘汰，将客户群垫底的 10% 剔除掉。这并没有影响到他们什么。

当然，要想弄清楚谁是最有价值的客户，你还必须了解自己是否创造或赋予了他们所看重的东西。因此，与客户一起研究你对他们的看法以及他们对你的看法是非常重要的。如果这些 A 级客户真的不在意你提供给他们的东西，那就没有必要在他们身上花费过多的精力了。

尽管如此，任何企业都能而且应该做的最重要事情之一，是确保自己正在舍弃的顾客或客户真的对自己毫无价值可言。无利可图的客户造就无利可图的企业，而无利可图的企业是难以为继、难以实现可持续发展的。

## 消费品牌可以从B2B品牌中吸取教训

在本书中援引的大多数例子都属于知名的消费品牌，因此，我们认为拿出一个 B2B（指企业和企业的电子商务交易）品牌例子在这里分享很有必要，因为品牌在这一领域同样重要。

在《如何赢得朋友赚到钱》一书中，基恩和考珀分享了伦敦一家律师事务所的案例，这家律师事务所就是通过确定哪些是"对的客户"而迅速发展壮大起来的。

这家律师事务所的业务发展主管和她的高级合伙人合作，对1000 多名客户进行了评估，以确定他们当中有多少人是有利可图的。结果，业务发展主管认为只有 3% 的客户有利可图，并将其列为一级客户。特别关注这些客户，不仅是基于当前和未来的营收潜力需要，也是出于他们对律师事务所战略重要性的考量。经过类似的评估，又有 70 名来自律师事务所意欲进军或深入合作的客户成了二级客户。业务发展主管认为，对一、二级客户的定级不应意味着对这些人的服务优于其他人，评估的目的不是从专业的角度重新平衡律师事务所业务的努力，而只是为了重新确定在哪里、如何去使用自身发展资源的优先次序。

这一优先次序的制定在律师事务所内部引起了不小的争论，对一、二级客户的分类以及应当如何加以对待，大家莫衷一是。但是，在分级上达成原则一致后，大家还是能够同意向前看的。业务发展主管指定合作伙伴为客户发展主管，30 个一级客户每个都配备两名主管。此外，还给每对客户发展主管配备了业务精熟的 10 个合作伙伴，以对他们的工作形成支撑。通过对几个关键客户的侧重关照和业务资源的有力保障，这家律师事务所得以成长起来，同时还淘汰了那些无利可图的搭便车客户，从而成为伦敦发展最快的律师事务所之一。

## 本章小结

走出"客户永远是对的"这个神话的误区看似简单，做起来很难。首先你必须知道谁是对的客户，然后还要知道他们最看重的是什么；接下来你还必须把这些呈现给他们，让他们感同身受。如此说来，如果对的客户有所抱怨，是因为你没有正确对待他们，那么他们就抱怨对了。

---

延伸阅读

大卫·基恩、克里斯·考珀著《如何赢得朋友赚到钱》，马歇尔·卡文迪什出版有限公司，2008。

## 错觉 9

# 没个几十年建不成真正的国际品牌

虽然我们见证了全球品牌的建树时间正在缩短，但想要做到品牌的长盛不衰却完全是另一回事。

# 打造一个国际品牌得多久？

消费者耳熟能详的很多国际品牌都经过了少则几十年、多则上百年的创建历史，因此，有人认为，国际品牌 = 时间悠久。果真是这样吗？

这一误区比最初看上去更加微妙。

在 20 世纪 70 年代之前，创建一个全球品牌确实需要相当长的时间。不过，自 70 年代中期以来，情况却发生了变化。如今，我们发现自己已然被全球品牌所包围，有些品牌的创建，前后花了还不到十年的时间。

就像人们对已知的、可观察的宇宙进行探索一样，品牌建设的进程似乎正在加快。

如果不首先框定我们所说的全球品牌的内涵，要想对其进行真正意义上的探讨是不可能的事情。许多知名品牌所有者可能已经在某些方面将自己视为"全球"品牌，尤其是如果他们在网上有强烈的存在感，并且在世界不同地区拥有一些客户的话。但是，当我们探讨全球品牌时，我们真正所说的，是那些在全球各地都享有极高知名度和存在感（如果不是主导地位的话）的品牌。这些品牌是庞然大物，是商业巨兽，是一些人视为全球资本主义所有弊端的象征。

当然，对我们消费者来说，这些品牌在更长时间、更多地方成功地满足了更多客户的需求，令它们的竞争对手只能步其后尘、望其项背。如今，它们可能在市场上占据着主导地位，但这通常都是来之不易的。

# 全球品牌的定义

真正的全球品牌可以这样来确定：

手指头它很可能是同类产品中经营规模最大的品牌之一，而且经常会成为世界上最大公司之一的一部分，并有相应的巨大收入。

手指头它拥有很高的认知度。无论你住在南太平洋的塔希提岛（Tahiti），还是乌兹别克斯坦的塔什干（Tashkent），你都可能对它非常熟悉。

手指头它是一个品牌，无论其总部设在哪里，都会从所有主要贸易地区获得可观的收入。

这一定义也是国际品牌集团排行榜所广泛遵循的——任何人想要对此详细了解，都可以在该排行榜上找到我们谈及过的许多品牌。

那么，全球品牌到底有哪些呢？当然会有可口可乐、迪斯尼和麦当劳。当你在世界上任何一个商业街上询问行人，他们中的大多数人可能都会轻而易举地列出10个全球品牌，就像他们可以轻易地从1数到10一样。全球品牌无处不在，消费者对它们耳熟能详。事实上，它们已经成为人们日常生活的有机组成部分。

然而，取得如此成功的市场地位的并非只有消费品牌。B2B品牌IBM经常位居全球品牌价值排行榜榜首。2017年，它在国际品牌集团的"最佳全球品牌"研究中排名第10位，估计品牌价值超过460亿美元。世界上大多数人可能对IBM是谁以及它是做什么的都会有一些了解。对于一个专门从事技术咨询的商业品牌来说，这并不是件坏事。

# 老牌子老历史

首先，我们得承认，有些最大的全球品牌的创立确实花费了很长时间。有一个品牌，无疑是这个星球上拥有最高知名度的品牌之一，也是世界上最古老的品牌之一，它就是可口可乐。这个品牌据说创始于 1892 年 1 月 29 日，已有一百多年的历史。可口可乐这个品牌最初是在一家小商店里诞生的，现在则是一家傲视全球的公司。可口可乐的发展历程，实际上述说的就是全球资本主义的故事。

与可口可乐相比，像丰田和三星这样的老牌子相对来说都是后起之秀，大约都是在 20 世纪 80 年代前创立的。《创立》这本书罗列了一些存在数百年的企业，包括健力士黑啤酒（1759 年）和绿箭（1886 年）这两个全球品牌。想想这些一路走来的品牌，真是太不可思议了。每个品牌都无一例外地必须克服全球事件造成的影响和不同市场带来的挑战；必须拥有驾驭每个挑战的意愿、远见和毅力；必须承受不可避免的错误和吸取不可名状的教训。这多少有点像蜚声全球的音乐艺术家，许多品牌都是在公众的关注下发展和成熟起来的，通过寻找保持新鲜、令人兴奋和与客户关联的方式来追求成长。所以，如果这些品牌巨擘花费了几十年的时间才取得今天的优势地位，是否就可以证明国际品牌的创立确实需要漫长的时间？

## 别小看他们

当我们告诉你有些最知名的科技品牌也比你想象的要老一些时，你的感觉可能更加五味杂陈。例如，1976 年 4 月 1 日在加利福尼亚州的库比蒂诺（Cupertino）成立的苹果公司，可以认为是世界上最有价值的企业，如今也已经走过四十多个春秋了。从人类成长的角度来看，还算不上老，但在大多数人的心目中，肯定可以算是人到中年了。当然，品牌的孕育期往往很长。直到 1997 年史蒂夫·乔布斯回归苹果，才真正重新点燃了苹果的魔力，把苹果（连同员工）铸就成了今天的辉煌。

有意思的是，苹果的宿敌微软于 1975 年 4 月 4 日成立，比苹果还早了一年。所以你们看，即使是像微软这样无所不在的品牌，也绝能将其称为"童子鸡"，因为它早已不是雏儿了。

因此，如果像苹果和微软这类公司都花去了四十多年时间，才成为个人电脑领域里的全球巨无霸的话（尽管成长方式不同），那么，有没有可能别的什么品牌能实现得更快一点呢？乔布斯和盖茨把他们的品牌从父母的车库带到了世界的顶峰，他们把愿景、不可思议的天赋和企业家精神相结合，从而成为计算设备和相关智能设备的主力军。他们看到的未来版本各异，但都有能力成功地走进未来。有谁能打败他们两个吗？

## 黑马

从某种程度上讲，就连史蒂夫·乔布斯和比尔·盖茨所取得的成就，也被亚马逊和脸书令人难以置信的崛起所掩盖——至少在速度方面如此。这些公司都相对年轻，亚马逊成立还不到 24 年；脸书才 18 岁，还是个小鲜肉！这些公司从白手起家到发展成为全球品牌大鳄，只用了三星成为全球品牌所花时间的四分之一。这真的是了不起！有没有公司比脸书成长的速度更快？嗯，网飞公司和贝宝公司都还只有 20 岁（在本书写作的时候）。虽然它们的称雄同样令人刮目相看，但还是没有胜过脸书。

为什么会这样？就脸书个案而言，促进沟通和社交互动靠的绝对是技术实力，脸书就是紧随着相关智能设备爆炸式发展而发展起来的。由于这些设备变得更加便宜、更便于使用，加之移动运营商不依赖于曾经阻碍发展中国家发展的固定基础设施，因此，越来越多的人开始能够上网。当然，脸书也是非常高效的，管理这样庞大的社交媒体所需要的员工却不多。有些人可能会争辩，说这些品牌并不是真正全球性的，因为它们在亚洲的一些国家和地区的经营受到限制。也许他们说得没有一点错，但脸书在亚洲的普及范围和受欢迎程度是不可否认的。

亚马逊在某些方面甚至更加引人注目，尽管它是上述各种趋势的毋庸置疑的受益者，但它也在技术和实体基础设施方面进行了巨大的投资。亚马逊在未来零售业发展方向上下了很大的赌注，看起来似乎是正确的。亚马逊不仅在美国拥有一家庞大的公司，而且至少在 13 个国家都有业务，其中包括印度等地。那里的贵宾会员卡（Prime）销售如今已经涵盖了 100 多座城市。像印度这样的国家的电子商务潜力巨大无比，单就亚马逊业务的规模和复杂性来讲就足以令人吃惊，亚马逊不仅持续打造核心业务，而且还成功地扩展到出版、内容分发、电视制作与广播、智能设备以及如今的智能语音激活设备等领域。亚马逊可能获得了大量相对廉价资本和耐心投资者群体的支持，但看起来亚马逊的豪赌似乎是赌对了。

如果你感兴趣，我们建议你读一下杰夫·贝佐斯在信中谈及的公司的"第一天"和"第二天"之间的差异（见错觉 10），内容很有启发性，也是他个人对保持领先优势所需心态的看法。不用说，与客户保持密切联系的重要性是论述的主要内容。

# 暴发户

就全球品牌横空出世来看，特斯拉已经一马当先，成功篡位（在本书即将出版之时）。特斯拉即将迎来它的 15 岁生日，在国际品牌集团排行榜上排名第 98 位，其品牌估值为 40 亿美元。这是一项非常了不起的成就。凭借其公共关系、雄心壮志和（尽管不是大众市场）革命性的电动汽车产品，特斯拉已经成为世界各地公认的品牌。

优步和爱彼迎这样的品牌更年轻。优步才 9 岁，爱彼迎即将迎来 10 周年生日。虽然它们的突起是惊人的，但两者最近都遭遇了挫折，都尚未跻身顶级全球品牌排行榜。远近闻名是再好不过的事情，但真正的全球品牌能带来非常可观的全球收益是毋庸置疑的。让我们拭目以待，看看优步和爱彼迎能否并且需要多久才能超越联想，跻身百强。

不过请注意，虽然我们见证了全球品牌的建树时间正在缩短，但想要做到品牌的长盛不衰却完全是另一回事。像可口可乐这样的品牌在一个多世纪前就已经诞生了，但可口可乐所取得的成就长期以来始终是许多人生活的一部分。二十年后，我们今天在这里介绍的最新品牌有多少还会陪伴在我们的生活中？想想还是挺有意思的。

事实上，在过去一百年（甚至更久）的大部分时间里，建立一个真正的全球品牌需要耗去数十载的光阴。连麦当劳这样的飞速发展和大量特许经营的品牌都耗费了六十多年的时光才登临绝顶，一览众山小。时代在改变，曾经的真理今天已经变成了破灭的神话。

## 本章小结

科技的飞速发展，使得打造真正的全球品牌所需要的时间显然缩短了许多。特斯拉在不到 15 年的时间里就成功上位，赢得了全球品牌的一席之地。很有可能这一过程会变得更快。即使优步或爱彼迎无法做到这一点，我们在这里也敢打赌，另一个品牌将于无声处崛起，不露声色地在短短几年内一举成为另一个全球巨头。

---

**延伸阅读**

1. 黑暗天使著《创立：世界上最古老公司的教训》（*Established: Lessons from the World's Oldest Companies*），释放出版公司，2018。

2. 国际品牌集团，2017 年度最佳全球品牌：http://interbrand.com/best-brands/2017/ranking.

# 错觉 10

## 市场营销部拥有品牌

品牌的终极拥有者是客户，只有把品牌根植于他们的心中，品牌才有活力。

# 为什么会有这个看法?

20 世纪 60 年代初,许多发达国家掀起了一场保护消费者权益运动(consumerism),运动的早期,品牌作为对产品或服务区分的简单方法,起到标志和指示的作用。当时的企业往往不太关注客户的私密需求和要求,通常是产品生产出来,贴上标签,然后再视公司的规模和资源去相应打广告,想方设法扩大销路。在这种情况下,营销部门的权力比较大,以致给人造成了一种印象,市场营销部拥有品牌,因为实施产品品牌化和促销战役都是他们的职责,他们是品牌化建设的直接创建者和贡献者。

直到 20 世纪 60 年代末 70 年代初,许多企业才开始上心过问客户的真正需求。这引起了一系列商业焦虑和产业动荡,仿佛一夜之间,市场上到处都是令人兴奋的新产品,质量合理,价格极具竞争力。随着本田、大产(Datsun)和索尼等新品牌挺进嗷嗷待哺的市场,所有产业都陷入了分崩离析的境地。在随后的几十年时间里,大多数企业的营销部门都能随机应变,走向成熟。他们进行了定性和定量研究,对客户进行了细分和优先排序,建立了品牌组合,打出了一套在电视、广播、报纸上推销、直销和现场营销的组合拳。市场营销本身日益专业化,营销部门"拥有"品牌的意识得到了强化,毕竟他们的人有"品牌经理"之誉。

与此同时,企业也进行了结构重组,以便每个部门在价值链上的位置大致能够反映出来。采购、工程、生产、财务、销售、市场和人力资源——所有这些部门各就各位,各司其职,每个部门都有自己的专业领域和责任划分。当然,品牌事实上仍然存在于消费者的心中,只是人们没有这种感觉而已。从认知和实践上看,品牌依旧属于营销部门。

1989 年，互联网应运而生。它打响的第一枪最终演变成了一场数字革命。计算能力、移动技术、数据传输与融合的发展和提升，让世界彻底发生了改变。时间快进到当下，在我们今天所生活的世界里，消费者可以通过任何方式、借助任何所喜欢的媒介来和品牌进行互动。如果我们想在手机上购物并在第二天收货，那么我们所希望的是这些动作能够无缝完成；假设我们与客服人员联系，我们所期望的是客服人员能很专业地提供信息，并随时、迅速解决问题；当我们重访零售商网站时，我们所盼望的是网站能记住我们上次浏览的内容，或者就我们可能发现的有意思的新产品提出有帮助的建议；倘若我们想马上叫来一辆出租车或按一下按钮就可以定制产品，那么我们有理由预期这一切都能做到。在我们现今所生活的世界里，亚马逊的库存产品大多可以在 24 小时内送货到门；下午五点半在阿戈斯网上订购的产品，当天晚上八点半就能送货到家；客户可以通过多种渠道、使用多种设备与汇丰银行进行交易，并获得快速、安全和无缝的体验。在互联网时代，服务成为品牌化建设一个很重要的标签，这个时候，市场营销部对品牌的拥有还有以往那样的黏合度吗？

## 一切为了客户

从严格的法律意义上讲，品牌属于拥有商标所有权的实体或个人。在许多情况下，商标由下属企业所有，但情况并非总是如此。有些企业进行的是许可制交易，这意味着它们要向第三方支付能够使用其无形资产（商标和知识产权）的特权。这种模式经常用于饮料行业，当地生产商根据第三方所有者的许可生产品牌饮料。为了尽量减少税务风险，有些企业甚至会把自己的品牌回授给自己的本地经营企业。品牌是令人难以置信的强大和宝贵的资产，因此通常说来会集中持有、采购或授权。归市场营销部所有的情况实属罕见。

虽然公司可以借助商标和知识产权来合法拥有品牌，但真正有意思的是，品牌的拥有者是消费者，这主要体现在两个方面：首先，无形的品牌实际上寓于消费者心中；其次，虽然"权利让渡"的法律概念鲜为人知，但消费者一旦购买了品牌产品，如火星巧克力棒，在购买发生的那一刻，该产品实际上就已经成了消费者的财产。

这与天主教对圣餐变体论（transubstantiation）的理解并无不同：举行圣餐礼时，无酵饼和葡萄酒成为耶稣的真身和血液。同样，在成交的那一刻，品牌就变成了消费者的财产，直到他们消费了这个产品，并且在此后的很长一段时间里，只要他们愿意相信该品牌对他们的生活有影响，那么，这个非常特殊的品牌产品就属于他们。当然，被称为火星品牌的无形资产仍然是火星公司的财产，就像上帝的无形概念仍然归属上帝的一样。

## 首席执行官角色的变化

明确了品牌并非市场营销部所拥有，而消费者才是终极意义的所有者后，我们面临的问题是，如果客户拥有了你的品牌，谁是负责管理它的人？

在幕后提供消费者所期望的无缝和流畅的体验，是一项非常困难和复杂的任务。它要求企业上下一盘棋，快速反应，在客户旅程的各个环节采取一致的行动，并充分认识到，技术和社交媒体的影响力意味着企业言行不一会让品牌吃不了兜着走。在市场变化莫测的今天，企业终于开始以客户为中心，并围绕着他们进行运营的调整和组织——这是对品牌是（并且始终是）由客户拥有的理念的实际认可，也是对品牌消费体验需要协调和落实到位的实际承认。而首席执行官就成为或已然成为一位高级品牌经理。

首席执行官的责任，是确保品牌全面反映客户的心声，确保企业了解客户的需求，确保这种了解能在客户旅程的组织方式上反映出来。

除了对财务状况了如指掌外，首席执行官还需要制定一套前瞻性指标，以确保品牌的关联性和吸引力经久不衰。

亚马逊首席执行官杰夫·贝佐斯对这一挑战的看法颇为有趣。在《为什么总在过第一天》的公开信中，他谈到让公司始终在过"第一天"而不是"第二天"的重要性。

"杰夫，第二天是个什么样子？"

这是在最近一次的全体会议上有人问我的一个问题。几十年来，我一直在提醒大家：今天是第一天。我在亚马逊的一个叫"第一天"（Day 1）的楼里办公。每逢我搬到其他的楼办公时，这个名字总跟着我走。我还真花了些时间来思考这个问题。

"第二天代表着停滞、无关紧要、折磨人的痛苦衰退和消亡。这就是为什么总在过第一天。"

当然，这种下坡路走起来，速度会非常缓慢。功成名就的公司可能过了几十年的第二天，而且收获颇丰，但是，最终注定在劫难逃。

我对这个问题很感兴趣。你如何规避第二天？有哪些技术和战术可以运用？你如何即便是在大公司里也能保持第一天的活力？

这样的问题不可能有简单的答案，因为元素繁多，路径千条，陷阱无数。我虽然不清楚全部答案，但可能略知一二。从醉心客户、怀疑代理、积极顺应外部大势和快速决策开始，你便踏上了坚守第一天生机的奋斗之旅。

在贝佐斯看来，"第一天"公司与客户的需求密切相关，从不停滞不前。他们避开代理，对于把宝全都押在客户调查上面的做法自然十分审慎——他们花时间与客户进行直接沟通，透过表象抓住问题的实质；"第二天"公司是那些对客户漠不关心、注定日薄西山的公司。他们过于依赖研究和标杆管理，对自己的业绩太过自鸣得意。贝佐斯的话，对于那些想了解自己在当今数字化经济中所扮演的角色的首席执行官来讲，尤其具有指导意义。

## 品牌就是品牌的所作所为

数字革命给商业带来的最大单一后果，就是把单个企业的举动和行为凸显出来，让水落石出后的他们无法再滥竽充数。如果你为客户提供的服务一直乏善可陈，那么，通过社交媒体这个平台，你的劣行很快便会不胫而走；如果你当面一套背后一套，那么纸肯定包不住火，客户一定会察觉得到；如果你亏待员工，那么用不了多久就会成为一个公开的秘密：谁都可以在像玻璃门网这样的平台上注册，然后浏览你能想象出来的各类公司员工的匿名帖子。

"品牌就是品牌的所作所为"这句话，现在比以往任何时候都更加正确：企业和品牌是不可分割的，这使得企业的内部文化至关重要。世上没有哪一个制度能够对贫困潦倒或牢骚满腹的员工进行补偿，品质服务来自为客户竭诚奉献的愿望和意愿。几乎每一个著名的服务品牌都对其内部文化进行了巨额投入。西南航空、维珍火车、英国大都会银行和第一直营银行都清楚，获得卓越服务的途径是创造一种奇妙的企业文化，这一点也可以进行量化。长期以来，服务利润链已经证明了优秀文化、优质服务和有利可图、高度满意的客户之间的内在联系。1994 年，詹姆斯·L. 赫斯科特、托马斯·琼斯、加里·洛夫曼、W. 厄尔·萨瑟和伦纳德·施莱辛格在《哈佛商业评论》杂志上发表文章，首次把服务利润链作为商业管理理论提了出来。后来，该理论成为赫斯科特、萨瑟和施莱辛格合著的一本书的主题。如今，服务利润链已经成了一个极具影响力的商业概念。它所建立起来的联系，对于希望组建受人尊敬的成功企业的任何首席执行官来讲，都具有深远的影响。

这一要求不仅仅是授权给一线员工，更多的是让所有员工都清楚地了解企业背后的目标和动机，这才是发展高绩效公司的关键所在。

## 架构很重要

要使品牌能够持续发展，企业的组织架构也很重要，因为无序的或分散的授权对无缝、平顺的客户互动的构建有可能构成掣肘。公司不能再由一系列单打独斗的部门组成，它们需要更好地整合更多的资源来满足客户的需求：分析团队必须引入大数据，增强洞察力；制度建设不能阻碍对客户的服务；员工不能因为等待指示而不主动作为；销售人员不能以忠诚客户登录时没认出来为由而令其心灰意冷。数字化本土企业会具有初始优势，但这种初始优势可能会因为管理不善或领导不力而丧失殆尽。相比之下，老牌企业必须走出孤岛，消除惰性，在运营中把握目的，找准节奏，使品牌能够更好地对接市场。

如果想让你的企业蹦起来，就赶快行动吧！

## 本章小结

对于任何类型的企业而言，未来的成功都将取决于围绕客户组织运营的能力。企业得学会接受声誉靠的是打拼而不是玩世不恭的操纵这一事实，让自己的指挥、控制欲向更加开放、灵活的工作方式转变。企业还得理解，虽然商标和知识产权可以由企业或个人合法拥有，但品牌的真正力量在于它们寓于客户的心中。为了客户的权益所采取的每一项行动，都有可能具有极高的附加值。

这就是为什么品牌不属于市场营销部的原因。

---

延伸阅读

1.《哈佛商业评论》，服务利润链：https://hbr.org/ 2008/07/putting-the-service-profit-chain-to-work.

2. W. 厄尔·萨瑟、伦纳德·A. 施莱辛格、詹姆斯·L. 赫斯科特著《服务利润链：领军公司如何把利润和成长与忠诚度、满意度和价值观联系起来》( *The Service Profit Chain: How Leading Companies Link Profit and Growth to Loyalty, Satisfaction and Value* )，自由出版社，1997。

# 错觉 11

## 品牌目标是挣钱至上

品牌目标是一个组织的主要动机，是品牌存在的首要
原因，但肯定不是组织的终极目标。

# 不挣钱叫啥品牌？

品牌目标正在成为一个热门话题，也是在董事会和商学院里谈论得越来越多的话题之一。在以往的讨论中，人们普遍觉得品牌目标主要是为企业挣钱，与社会责任没有多大关联度。而现在，改变品牌目标的想法似乎成为一种时尚，因为越来越多的企业开始更多地考虑品牌"为什么"存在的原因。就像许多突然成为企业高管们热议的话题一样，这个想法也面临着被根本误解和可能跑偏的危险。

如今，经济体日益多元化，消费者可选择的品牌也越来越丰富。正所谓"条条大路通罗马"，无论哪一类别的产品或服务，都可能会有几家企业在争夺客户以及他们兜里的钱。消费者发现很难把供应商真正区分开来，更难奢谈该去信任谁；公众对政客和大型企业也普遍存在不信任感。这场"信任"危机意味着，消费者更加看重正宗，推崇"真材实料"，寻求的品牌也都是他们认为具有真正价值和更大意义的品牌，而不仅仅是赚钱至上。

作为企业，也应该意识到，现在的消费者不只是对企业做什么或如何保持竞争优势感兴趣，对企业存在的原因也开始充满兴趣。处于企业核心地位的动机是什么？企业除了挣钱，还应该为社会大众做些什么？企业如果不关注消费者的这些兴趣，后果不言而喻。

2017 年，哈瓦斯集团公布了其每两年一次的研究成果（2017 年度有意义的品牌）。这项研究涵盖了 1500 个全球品牌，收集了全球 30 多万受访者的意见，追踪并衡量了消费者与品牌之间的不同关系，最终再一次证明，消费者所认为更有意义的品牌，是能够为企业创造更多的价值——通常情况下，能使企业的钱包份额平均增长 9 倍，比股市平均表现高出 206 个百分点。

弄清楚"为什么"正在成为企业的一项要务。它向消费者和员工表明，企业的目标不单纯是追求短期利润。它将企业的经营活动置于更广阔的背景和更宏大的格局之中，有助于展示企业如何去创造长期可持续的价值。

当然，对任何一家好的企业来说，创造利润和负责担当都是基本的先决条件，但这些都是企业英明决策和妥善治理所产生的结果。目标与经营活动却是完全不同的东西，目标是不变的动机，可以帮助企业做出对消费者和员工来讲有效的正确决定。目标不仅仅是一项行动，或是一项具体的企业社会责任计划，它是为什么企业做这件事情的背后原因。因此，它应该能对企业的各方面行为产生影响，指引你在困难、困惑的时候坚定地前行。

从这个角度说，英国《金融时报》（FT）财经词汇将品牌目标定义为"通过为所有利益攸关方创造经济、社会和环境效益，来为可持续发展做出贡献的商业运作"，以及一切与有效经营有关的事情。应该说这个定义是比较确切的。

## 目标在行动：宜家，IBM，谷歌

在通过制定并实施宏伟的目标来对各方面业务产生影响方面，宜家是一个很好的例子。它致力于"为尽可能多的人创造更加美好的日常生活"的承诺，体现在其经济运营和公司行为的方方面面。它的目标植根于这样一种观念，即每个人都应该享有品质设计。这是一个开放和民主的企业，所提供的设计精良、物美价廉的产品，让消费者尽享魅力四射、妙趣横生的零售体验。宜家在客户体验上独具匠心，突出的优点是消费者能买得起，即使自主提货，自己组装甚至排长队也在所不惜。宜家品牌目标还体现在招聘和奖励员工的方式上，如今，宜家 45% 的管理人员是女性，薪酬结构依员工需求而定，而不是简单地反映当前市场的平均水平。就可持续性来讲，宜家还投资数十亿美元用于绿色能源的生产——以此减轻其巨大能源需求给环境和社会带来的负面影响。这进一步证明了宜家定位的品牌目标，是有助于"为尽可能多的人创造更加美好的日常生活"，而不仅仅是为了挣钱。

IBM 总裁托马斯·J. 沃森所倡导的创造"造福人类的信息技术"的品牌目标，一百多年来，始终在影响和指引着 IBM 的发展。IBM 对这一鼓舞人心理念的坚持和实施，使得他们能够引领并驾驭技术应用方式的巨大变化。从计算器到超级计算机，从商业咨询到"智能星球"概念，IBM 始终与时俱进，成功保持着与消费者的关联性，并在大多数情况下都能领先对手一步。

谷歌宣示的品牌目标是"统揽全球信息为世界所用"。这个目标从一开始就推动了业务的发展，成为谷歌的核心业务及其创造共享价值的方式。实践证明，谷歌取得了令人难以置信的成功。虽然这一雄心壮志颇为崇高，或许也有价值，但它肯定不是生发于企业社会责任的倡议。

一些重要的企业已经清楚地认识到支持并实施明确品牌目标的价值，把它作为一个操作系统来塑造和指导公司上下的行为。正如我们下面会看到的那样，在危机时刻，它还能帮助企业渡过难关。

## 目标与做正确的事

在《有意为之》一书里讲了一个故事，展示了在关键时刻目标是如何驱动决策的。2012 年 10 月，人们称之为"世纪飓风"的桑迪席卷了美国的东海岸，造成 85 人死亡，800 万人被断电，数千人无家可归，给公民财产和基础设施造成了严重破坏。

值得注意的是，在这场灾难中，不同的企业选择不同的方式去应对这场正在上演的悲剧。作者在书中举了个例子，美国服饰公司这个服装零售商认为，向那些飓风受灾人员伸出援手的最好办法，就是在 36 小时的时限内把所有服装都打 8 折去销售。实际上，美国服饰公司是把这场风暴当成了一次千载难逢的零售机会了。

我们把这一案例与金霸王电池和汰渍品牌所采取的应对行动进行一下对比。这两家公司都没有借机向客户"推销"，相反地，金霸王电池直接为受灾最严重的社区配备了一批品牌发电机；汰渍也采取了类似的做法，设立了流动洗衣点，来满足人们清洗所剩无几衣服的迫切需要。金霸王电池和汰渍没有利用这一有利可图的机会，而是雪中送炭，走出一条实实在在为消费者和社区排忧解难的路子。

这两个品牌都归宝洁所有，而宝洁本身就是一个目标导向型的企业。"宝洁的目标，就是每天用更多的宝洁品牌和产品来促进、改善更多消费者的生活。"在迷惘彷徨之际，这些品牌本能地知道该如何妥善应对危机，因为他们心中有明确目标的加持。他们不只是想一想，做做样子，而是清楚怎样才能帮到位。

## 目标的发现与宣示

那么，如何建立或宣示一个能够对各方面业务产生积极影响的目标呢？好吧，要走出误区，反其道而行之。不要一开始就想着怎样去做"好事"，或者如何解决可持续发展的问题。你首先要找到有潜力将客户和员工联系在一起的东西。有个问题虽然简单，但却能让你深刻反思，所以你必须要问问自己："对客户和员工来说，什么才是最重要的？"如果你能破解这个难题，那你就离发现真正的目标不远了。

很多困惑也恰恰是从这个问题开始悄然出现的，包括常常把品牌目标与"做好事"或实施有价值的企业社会责任计划混为一谈。很多情况下，品牌和企业对想做什么和想怎么做的说法，让人们耳朵都听出了茧子。例如，不少企业提出的目标是"成为第一"或"为投资者提供巨大回报"等，但就客户和员工来说，他们听到的这些目标虽然很宏大也很有价值，可是跟自己有什么关系呢？这完全是企业可持续发展报告关注的事情嘛！因此，具有真真切切、关联度高的品牌目标，都会把客户、员工和利益攸关方三者之间的关系揭示得一清二楚，把创造价值和开源招财的秘诀充分体现出来。

## 什么才是最重要的？

尼桑公司意识到，对客户和员工而言，空气质量正在成为最根本的全球性问题之一——到了汽车行业采取减排行动、改善空气质量的时候了。从总体上讲，车辆如今变得更加清洁、效率更高，同时技术也向人们展示了一个现实的前景，即大幅减少排放，直至最终将它们彻底清除。对严重的道路交通事故也是如此，技术有能力让汽车变得更加安全并减少事故的发生。因此，尼桑将零排放和零死亡作为其目标的基石："向着道路交通零排放和零死亡的未来迈进。"这种目标陈述之所以可信，是因为尼桑在电动汽车领域所占据的领先地位，以及在电动和自动汽车技术方面的持续投入。尼桑（与其他制造商一起）有可能创造出一个无尾气排放、无肇事死亡的世界来。

正如《有意为之》一书中举的另一个例子那样，首相客栈是一个成功确定什么对客户和员工最为重要的典型。乍一看，首相客栈的目标可能不像尼桑那样雄心勃勃，然而，就其业务（以及所能产生的实际影响）而言，它的能量和尼桑比起来毫不逊色。首相客栈意识到，对客人和员工最为重要的是，让客人"感觉倍儿爽"。大多数入住首相客栈的客人通常都有特定的原因，往往是为了出席重要的商务会议或家庭聚会。客人最看重的是感觉要好，这样才能在露面时把最好的自己展示给大家。反过来，员工的目标就是帮助客人找到良好的感觉，让客人"感觉倍儿爽"已经成为该酒店的核心目标。它直接牵涉到一件重要的事情，那就是让每个客人都能"睡个好觉"，为此，投资的重点也就脱颖而出：采用以希腊睡眠之神命名的修普诺斯（Hypnos）床，并对所有房间的空调进行升级。首相客栈的出发点不单是要成为一家能挣钱的好酒店，而且还要让客人体验酒店消费倍儿爽。

一个有效的品牌目标，必须要以客户和员工认为最重要的事情为基础。有时（取决于一个企业的规模和影响），它的重要性可以和全球空气质量等量齐观。但往往就像首相客栈的目标一样，一个看上去更谦虚但同样壮志凌云的目标，就是朝着让客人"感觉倍儿爽"的方向努力，它真实地表达了该企业之所以存在的原因。

## 小心目标的危险性

有些时候，品牌会公开给自己套上崇高或时尚目标的外衣并使其成为品牌传播的中心，甚至还可能会用一句口号或不断重复的广告词来加以提炼和概括。

如果业务运营并不总能做到与之百分之百地契合的话，那问题就会接踵而至。消费者对那些口惠而实不至、言行不一的品牌越来越敏感，英国石油公司就是一个例子。2000 年，英国石油公司启动了一项价值 2 亿美元的品牌重组计划，试图将自己重新定位为绿色能源企业，终极目标是"超越石油"，成为一家可持续发展的能源公司。一些评论家虽然对此半信半疑，但更多的人还是认为，英国石油公司是一家开明的企业，开创了一种更进步的能源生产新方式。在一段时间里，英国石油公司确实看起来好像取得了进展，它对太阳能和风能进行了巨额投资，并寻求为发展中的经济体提供更安全的家庭供暖、烹饪燃料和微型能源。它的做法引起了竞争对手的注意，都开始纷纷效仿。可是到了 2010 年 4 月，随着英国石油公司运营的一个钻井平台在墨西哥湾发生爆炸，导致"海底漏油"恣意持续了 87 天，使所有这一切都遭到了严峻的挑战。在此期间，"深海地平线"（人们对这场灾难的称呼）直接向海洋排放了约 490 万桶原油。

当然，石油钻探是一项技术要求很高的危险工作，无论操作如何专业，事故的发生都是在所难免的。但是令本已严峻的形势雪上加霜的，是时任首席执行官唐熙华的最初反应。他因在公开场合没有充分承认问题的严重性而受到批评。更有报道称，他还抱怨事故让自己不得不终止休假。经过一段漫长的时间和数次尝试后，喷油井最终才被封堵住，原油总算不喷了。

撇开环境影响不谈，英国石油公司受损的是，2014 年美国最高法院维持了早前的裁决，即英国石油公司"严重疏忽，犯有故意不当行为"。越洋公司和哈利伯顿公司也涉嫌负有部分责任，但此次灾难的主要责任还是要归咎于英国石油公司。造成这一疏忽的原因可以追溯到投资严重不足，有人将其解读为坐视资产有效流失以实现利润最大化。

如果英国石油企业做出了"超越石油"的决定，那么，这一变化就必须是深谋远虑的，而且也必须进行深度的投资。英国石油公司的例子只能说明一点：整个公司在走下坡路。一方面，它不能自称绿色而又不对可持续技术进行大量投资（尽管得到了高额补贴）；另一方面，它对其核心业务投资匮乏，已经到了严重疏忽的程度，把人们的生命和环境置于危险之中。

英国石油公司的"绿色转型"如此痛苦，而且遭到了如此公开的破坏，那么是否就可以说其名誉因此受损更加严重，这点尚存争议。这个突出的例子说明，当一项计划或提议升格到企业目标层面，而整个企业却未对其予以不懈地关注时会发生什么事情。也许出于可以理解的原因，英国石油公司已经退出了其公开的绿色定位。到目前为止，这场灾难已经给英国石油公司造成了数十亿美元的损失。也就是英国石油公司这种财大气粗的企业能撑住，换了那些没有弹性的企业可能早就歇菜了。

## 对这个比喻要留意

优步之所以让人感到有意思，是因为它声称要"让交通像自来水一样可靠，随处都有，人人可喝"。乍看上去，这似乎是一种诚实的动机。不过，你越来越会觉得这像是一种高雅的商业隐喻。毋庸置疑，乘客们喜欢优步的便利，可是，司机和员工的加盟也是出于同样的原因吗？这对客户和员工来说都是最重要的吗？把这两个群体联系到一起的究竟是什么？缺乏明晰的目标和优步正在不惜一切代价追求商业利益的隐约感，是否开始对优步的发展产生了负面的影响？

截至 2018 年，优步受到了一系列问题的困扰，其中许多问题可以追根溯源到文化和公司治理的问题上。该公司创始人兼首席执行官特拉维斯·卡兰尼克因深陷性骚扰丑闻而不得不提出辞呈（尽管他仍留在董事会里）。还有报道称，部分高管混迹过韩国的三陪酒吧。

英国警方指控优步对其司机的性攻击行为没有报告。伦敦市长以乘客安全和公司治理为由，吊销（后暂时得以恢复）了优步的运营执照。在许多其他法域，该企业也面临着类似的挑战。优步还被控对乘客进行监视，并卷入了有关其司机法律地位的纠纷。这些问题中有许多似乎是企业采用了高雅的比喻而不是真正的目标而显现的症状。这是企业不惜任何代价追求增长的一个例子。

## 本章小结

正如我们所看到的，品牌目标可以成为品牌化建设灵感的不竭之源和引领企业发展的不竭动力。它有助于在客户和员工之间建立起有意义的联系，并给企业带来可持续的价值。但要小心冒牌货！没有真正目标的企业，或者更糟糕的是，沉迷于赶时髦、玩时尚、连自己都不相信自己制定的目标的企业，恐怕注定要玩儿完的。

商场如人生，言行不可偏废，都很重要。

---

**延伸阅读**

1. 肖恩·史密斯、安迪·米利根著《有意为之：奉献人们喜爱的品牌客户体验》，科根－佩奇出版有限公司，2015。

2. 2017 年有意义的品牌：https://havasmedia.com/meaningful-brandsreap-greater-financial-rewards/.

3. 优步的麻烦告诉我们公司价值的重要性：www.ft.com/content/95cebf4a-76d7-11e7-a3e8-60495fe6ca71.

# 错觉 12

## 客户在寻求与品牌建立私人关系

不管你的品牌有多大吸引力，大多数客户都不会积极寻求与之建立私人关系。

# 别以为你可以随便开始一段关系

毫不奇怪，品牌往往把与客户建立深厚、持久的关系视为自己的首要责任。业内人士经常谈论建立有价值关系的重要性，而各个行业的客户关系营销（CRM）也都是围绕着一个想法来运作的，那就是，大多数客户都在寻求与自己喜爱的品牌建立某种个人关系。尽管这些听起来蛮有说服力的，但在很大程度上讲，这是一个误区。

我们来从私人关系说起。虽然你可能认同、拥有和享受许多人的陪伴，甚至是朋友遍天下，不过，你认为和你有密切关系的人一定是少数。品牌也是如此。虽然你可能认同、拥有甚至是看重一个品牌，但在大多数情况下，你不太可能寻求与该品牌建立实际关系。你可能会对一个品牌动情，但这与你想要一段深厚的私人关系不一定是一码事。品牌的力量在于它具有建立情感链接的能力，但是不应该自动就认为它可以随心所欲地开始一段关系。

相关证据也支撑了这个观点。2012 年，《哈佛商业评论》发表了一篇题为《关于客户需求的三个误区》的文章。文章告诫业内人士要提防客户寻求与品牌建立关系的想法。通过对 7000 名消费者的研究他们发现，只有 23% 的人称自己与某个品牌有关系，而 77% 的人都认为自己与什么品牌没有任何关系。有意思的是，当问到大多数人为什么没有关系时，他们通常会回答说："不就是个品牌吗，又不是我的家人。"可见，虽然极少数消费者对与品牌的关系持开放态度（我们后面还会探讨），但大多数人证明并非如此。

这意味着什么呢？从根本上说，我们应该留神，不要夸大品牌在消费者意识中所占有的时间和关注。虽然说品牌有可能在消费者心目中占据一块宝贵的精神领地，但我们应该现实地看待消费者花在品牌关系（或相对差异）上的思考时间。与其用数百封电邮对消费者狂轰滥炸，试图推断出一段很可能并不存在的关系，倒不如把精力重点放在如何让品牌独树一帜和引人入胜上。正如德勤在 2017 年 7 月号《消费者评论》（*Consumer Review*）中指出的那样："在数字化时代，要靠个性化、关联性、排他性和跨行业参与的组合，方能赢得和留住客户。"

尽管如此，我们不应忘记对关系持开放态度的 23% 的消费者所提供出来的机会。这些消费者很可能高度投入，会对那些被视为有意义或有目标的品牌做出特别的反应。这一群体中的消费者有潜力成为好客户、热情的品牌拥趸和有价值的超级用户。然而，我们不应该错误地假设大多数消费者都希望与品牌建立个人关系，他们只是想要接受吸引、接受认可和感受激励。

## 客户可能不想和你交谈

除了对客户想要与品牌建立关系这一观点持健康的怀疑态度外，你也应该对客户想要与你交谈的想法抱有同样的怀疑态度。遗憾的是，大多数人对此不持异议。这种误解可能会导致一个错误的想法，即大多数客户都在寻求某种关系。会有这样的时候，客户想要和品牌直接对话，但总的来说，大多都是要通知品牌或运营商某些地方出了问题。重要的是，要把你的不同联系方式提供给客户；非常重要的是，你要去倾听，采取适当的行动，不要试图去压制合理的抱怨。不过，别把这些情况与开始实际对话的愿望混为一谈。一般说来，客户都希望品牌能够迅速有效地弥补服务上的失误、补偿财务上的损失。在这种情况下，他们通常会认为开始一场"对话"的想法既卖弄人情又令人恼火。

其实，多数客户宁愿彼此交流而不是和"品牌"进行对话。他们想和其他有共同价值观、信念或兴趣点的人交谈。因此，围绕着一些最知名品牌所形成的最有影响力的客户群，往往是那些对品牌本身或与之相关的活动充满激情的、思想极其独立的人。游戏机和哈雷·戴维森是两个拥有活跃客户社区的品牌。游戏机为玩家提供了一个相互连接的在线空间，用户可以很容易地回到自己爱玩的地方寻求帮助和支持；网站支持创建用户生成内容，PS4 用户可以直接在线上传游戏剪辑；用户群与优图视频和推特上的游戏机社交媒体频道相连，以便游戏玩家、开发者和知名游戏厂商进行内容分享。自 20 世纪 80 年代以来，哈雷·戴维森一直支持客户社区（哈雷车主群）的发展，据报道，社区成员已经超过 100 万，形成了一个以同样的热情和生活方式为中心的客户社区。

## 帮助你的支持者们相互交流

这些品牌所有者已经意识到，他们的作用就是对社区进行宣传和支持，而不是费尽心机去主宰它。他们偶尔会发布内容和进行更新，但更多的是让社区自己去蓬勃发展。一些最有影响力和最有用的在线社区都是这样的非官方社区。例如，乐高用户群网络是乐高粉丝中最大的非官方社区之一，主要由成年人组成。他们建造复杂的乐高项目并在此分享他们的成果。作为有价值的信息和灵感来源，该用户群网络得到了乐高的认可。

星巴克支持一个名为"我的星巴克创意"的在线社区，并设计了一款全球建议框，鼓励 15 万余名社区成员就如何改善客户体验提出意见和建议。然后，星巴克会将其认为最好的创意付诸实施。

消费者对自己喜爱的品牌可能会充满令人难以置信的热情，但这种热情不应被误解为他们在寻求建立私人关系的信号。其实大多数消费者都并非如此。

## 客户的忠诚度可能比你想象的要低

长期以来，人们一直认为忠诚度计划是与客户建立有意义关系的好方法。随着数据收集和分析成果的广泛采用，不少像特易购这样的品牌能够利用这些数据来为客户提供指向明确的优惠券和奖励措施。特易购不仅将其快速发展归功于俱乐部卡（Club Card）项目的成功，而且还相信，特易购已经建立起了牢固而持久的人际关系，并有效地"锁定"了客户。随后便发生了2008年的金融危机，消费者的习惯迅速发生改变。事实证明，对于"差钱儿"的普通购物者来说，决定他们去哪里购物的最重要因素，是他们在收银台前支付的价钱。消费者的购物习惯说变就变，他们开始有节制地购物。虽然他们仍然会偶尔放纵一下自己，舍得在自己身上出点血，但在采购大部分日常用品时，都是尽可能地购买便宜货。像特易购这样的零售商很快就发现，在经济低迷时期，消费者不像他们想象的那么黏人。

当然，随着忠诚度计划变得满大街都是，而且消费者可能出手不再那么大方，忠诚度的影响力无疑会大打折扣，但这也更加充分地说明（尽管业内人士不屑于承认），心猿意马的消费者可能更喜欢"脚踩两只船"。

## 看人下菜碟

如今，人们对实施忠诚度计划的价值和效用众说纷纭，莫衷一是。许多评论员认为，当资金用在别的地方可能会更有效时，想要对忠诚项目的投资自圆其说（至少从直接财务回报的角度看）就很困难。其逻辑不是花钱让客户效忠，而是要让他们保持兴趣、积极参与和受到激励。

这同样适用于电子邮件营销。毫无疑问，电子邮件可以成为一个高效的销售工具，但用的时候可得悠着点儿。客户偶尔可能对有针对性的促销感兴趣，但考虑到他们可能并不想寻求某种关系，因此，没必要用闲聊和日常激励来对他们进行营销轰炸——这些做法可能会惹他们发烦，也可能会对长期品牌价值造成潜在的损害。

当然，我们知道有少数客户不介意发展关系，你可以把这些客户作为培养对象加以区别对待（特别应当划入高价值、高等级群体中），一旦客户按不同类型确定了细分，便可以与少数寻求建立关系的客户进行更深入的对话，把他们作为品牌倡导者和未来社区领军人物的力量充分调动起来。你可以邀请他们参与一些内部活动，对与公司走得很近的他们予以奖励，并对作为创意和灵感之源的他们表示赞许。巴宝莉品牌在这方面可以说是率先垂范，它素以拥有极具亲和力和互动性而闻名遐迩。那些对品牌高度忠诚的客户、有重要影响力的大佬或名流大腕，就经常应邀观摩 T 台秀，或出席其他为重要客户量身打造的活动。这些活动为提升客户的忠诚度创造了机会，并将巴宝莉与魅力、威望联系到了一起。

移动网络吉夫葛夫在这方面做得更加淋漓尽致，其创建的网络干脆交由客户社区进行有效运行。在吉夫葛夫，客户就是客户服务团队，在解决一大堆日常问题的同时，社区还就包括涨价在内的一系列敏感问题提供咨询。由于客户自己负责管理和服务，因此问题往往能得到迅速、高效地处理。另外，由于运营费用相对较少，客户定价就可以保持在尽可能低的水平上。当然，并非所有的客户都会积极参与社区活动，但品牌所有者需要对那些积极分子加以有效地利用。

## 双鸟在林不如一鸟在手

那么，对那些觉得你在和他们套近乎，但又不一定想和你建立私人关系的大多数客户又该如何处理呢？好消息是，你可以不必再耽误工夫试图与他们建立更深层次的关系，转而把经历和资源投入到提升自身的关联性和吸引力方面上来。现代企业总是倾向于高估自己的品牌在客户生活中所起的作用，一旦更现实地看待客户所寻求的品牌关系的本质，重新调整好心态，企业就会从过往的桎梏中解脱出来。

重要的是，不应该把这种解放解释为追求交易便利。我们不提倡死磕式的角逐，把品牌之间的竞争完全放到价格战的硬拼中去较量。容易找到和易于交易无疑很重要，但却不太可能成为长期的竞争优势。只是因为大多数客户不想和我们发展关系，并不意味着我们就不需要趣味横生、魅力四射、密切关联。

虽然用来打造品牌的手段和技术已经发生了变化，但品牌的基本吸引力却没有改变。品牌之所以大行其道，是因为它能在客户心中建立起不折不扣的情感和理性联想；这些独特的、有时是唯一的联想，有助于对不同企业的产品和服务加以区分。品牌之所以有价值，是因为它们难以复制、创造需求，并有助于支撑起更高的价位。

## 超越客户的需求和动机

品牌所有者应该记住，在最大限度地减轻客户麻烦的同时，也要让客户的效用和享受实现最大化。品牌需要努力保持关联性，需要确保总能和客户齐头并进（假如做不到领先的话）。客户的需求和动机在不断变化，而弄清楚他们是如何发生转变的，对保持领先至关重要。特别是当我们已经知道大多数客户不愿意和我们走得太近，即便对真正喜欢的品牌也敬而远之的时候。因此，对真正的创意进行投资并付诸实施就成为一种战略。人们不难发现，品牌的挣扎不是因为便利性或可购性不够，而是因为它不符合客户不断变化的需求或动机。谁知道单凭电脑的外观而不是性能就足以说动消费者掏腰包？史蒂夫·乔布斯就知道。他意识到，目前的状况并不能满足消费者的动机和需求。谁认识到乘客对航空旅行所建立起来的满满信心，足以预示并拉动低成本运营时代的到来和发展？西南航空公司就认识到了。谁发现男人使用的剃须刀系列产品缺乏创意了？美元须俱乐部就发现了，而且由于他们市场行为的娱乐性和冲击性，最终被联合利华斥资 10 亿美元成功收购。

忽视不断变化的需求和动机容易造成风险，这对每一个商家来说显而易见。马莎服装、妈咪宝贝和福来德百货都是品牌的关联性难以为继的例子。那些不上不下被"卡在中间"、在中等商店以中等价格提供中档产品的品牌陷入了困境。这些品牌将继续挣扎打拼下去，直到它们更好地理解消费者的需求和动机并能采取相应的行动。单靠关闭门店和紧缩开支是不足以解决问题的，还需要采取富有想象力的措施才行。

## 本章小结

要谨防大多数客户都在寻求与你的品牌建立个人关系的想法，其实他们中的大多数人并不想这样做。认清楚这一点，你就可以开始建立一个更加有效的品牌。要注意培养对关系持开放态度的较小客户群，帮助他们建立一个可以在其中畅所欲言的社区。把花在那些对你不感兴趣的客户身上的钱，用来提高报价的竞争力。建立品牌独特性，并利用自己对市场的深邃洞察，面对不断变化的客户需求和动机，努力做到齐头并进并领先一步。要竭尽全力让客户感到和你的交易便利轻松，但不要认为这就是你需要做的全部。

---

### 延伸阅读

1. 克莱夫·亨比、特里·亨特著《消费得分》(*Scoring Points*)。

2.《哈佛商业评论》，关于客户需求的三个误区：https://hbr.org/2012/05/three-myths-about-customer-eng.

3. 德勤，2017 年《消费者评论》：www2.deloitte.com/content/dam/Deloitte/uk/Documents/consumer-business/deloitte-uk-consumer-reviewcustomer-loyalty.pdf.

# 错觉 13

## 品牌是调侃出来的

品牌的创建是一项艰苦卓绝的工作，智商和情商一样也不能少。

# 雾里看花

如今，崭露头角的市场营销者可以接触到大量的文献、在线内容和学术研究成果。在很大程度上讲，营销学已经是一门成熟的学科，拥有所有该有的配套东西：专家、教科书、高等学位、教授，甚至还有自己的专业团体。不过，对于刚刚起步的业内人士来说，情况并非如此。国际品牌集团创始人、自称"品牌之父"的约翰·墨菲最近指出，已形成体系的创建和管理品牌的品牌化学科，直到 20 世纪 70 年代才登堂入室，而且可以说，作为专业学科的品牌化概念，需要自给自足，其确立与形成只是过去几十年的事情。另外，随着技术不断地冲击、深刻地改变着我们与世界互动的方式以及我们自身的生活方式，一些在此期间创造出来的品牌方法和工具变得不再那么有效了。因此，虽然存在有效的流程和工具来助品牌实践者一臂之力，但从总体上来说，人们在什么方法有用、到哪里可以找到这样的方法去打造品牌这个问题上可以说较少共识。

其实，在品牌化领域，获得认证、批准或独立验证的方法和工具比在市场营销圈中能找到的要少得多。实际上，拥有数百年从业资格与认证机构的专业服务公司，倾向于将品牌化视为一种伪科学，并将品牌机构看作皇帝的新衣或蛇油的兜售者，把本来就已经非常清晰的概念用不必要的术语包裹起来，弄得云山雾罩的。这种观点显失公允，因为确实存在一些非常有用、实用和给力的打造品牌化的方法和工具供人们有效地加以利用。这些工具是由一些奇思妙想的业内人士开发出来的，他们深知，品牌化建设需要智力、创造力和想象力。希望接下来的内容能证明，品牌可不是人们闲着无聊，喝着红茶、拿铁时侃出来的。

## 一些重要的区别

在我们深入探究这个误区之前，有必要阐明下列几个观点：

1. 市场营销和品牌化建设当然是相互关联的活动，但它们的业务方向不同。市场营销一般涉及特定产品和服务的销售，而品牌化建设则涉及在客户心中建立起自己专属空间的过程。

2. 人们对两大类品牌进行了区分，即快速消费品类别中常见的产品品牌（如谷类或洗发水），以及公司和 / 或服务品牌（如微软或维珍）。

这些区别很重要，因为市场营销和品牌化是经常互换使用的术语，虽然事实上它们分属各自独立的学科；就业务发展史而言，与产品品牌有特殊关联的流程和工具，和与公司或服务品牌相关联的流程和工具并不相同。

## 专业品牌代理的兴起

在 20 世纪相当长的时间里，品牌化建设的过程是由广告代理公司操控的。大品牌倾向于与同一代理机构进行长期业务合作，因此，他们（连同客户）成为不作为的品牌"所有者"。在这种情况下，所谓的品牌化通常都是通过一系列单独的活动来进行的。代理机构负责对品牌进行权威推广，进行有魅力和有效力的广告宣传。

电视连续剧《广告狂人》虽说纯属虚构，但对广告业的研究却很到位，对那个时代也是一次迷人的洞察。广告公司是在恒压状态下来为客户生产妙趣横生和与众不同的东西，导致的结果便是，他们往往把长期演进的品牌故事当作牺牲品，供奉在权宜之计的祭坛上。此外，这个时代的大部分广告主要集中在对战后方兴未艾的消费社会的产品推销上——从香烟到汽车，不一而足。

到了 20 世纪 70 年代末，特别是在美国和英国，新自由主义正统观念出现了，市场开始私有化，市场管制也日益放松，新公司不断涌现，服务经济开始站稳脚跟。突然之间，各行各业都闪现出了创建新品牌的需要。这一时期标志着专业品牌机构的出现，以前被广告代理公司所"罩着"的东西，如品牌名称开发、品牌架构、品牌定位和品牌叙事，现在则由一批新的专业机构所接管，因为这些机构看到了专业化所带来的好处和机遇。

品牌的长期创建和开发需要一个过程，其中有些专业机构对这一过程进行了定型或者说创建。此后，这些机构得到了许多设计企业的加盟，从而在一定程度上补足了以前所缺乏的战略服务。

## 一系列新工具的发明

多年来，那些跨国品牌公司始终都在进行着产品品牌的开发，人们常常把它们看成是定位工具和方法创新的权威宝库。联合利华就是一个很好的例子，其工具（如品牌钥匙）衍生品流行广泛。而许多侧重品牌定位和设计的代理机构，一方面会简单地借鉴大型跨国公司使用的模型，另一方面也会开发或改进自己的工具和方法。虽然他们的能力和水平参差不齐，但它们会各显其能，从不同的地位获取灵感，创造出它们认为更加适合自己的工具，以妥善应对所面临的特殊挑战。比如，为开发品牌名称制定了特殊程序；创建了新的定位工具；创造了确定品牌价值的方法，并很快呈现出各种方法相互竞争的态势；收集点子或确定机会的工具，等等。这些方法慢慢地赢得了金融界的信任和支持，并刺激了代理机构万马奔腾、争先恐后地开发最好的专有工具、自豪地发布并保护自己的独家创意。随着时间的推移，人们开始就应用的最佳模型工具和方法逐步达成共识。在这个基础上，形成了品牌架构（组织品牌组合的不同方式）这门学科，并出现了类似大卫·艾克这样的专家，他们围绕这一领域进行理论研究并将其固化下来。但由于每个代理机构往往倾向于拥有自己的方法和术语表达，思维思路也还停留在企业内部，这导致行业内品牌架构标准化的进程缓慢。与市场营销等相关学科相比，有关品牌化的教科书以及在大学或 MBA 课程设置这门课的少多了。因此，在后边，我们试着列出了一些我们认为对任何品牌开发过程都至关重要的基本品牌化工具，希望对那些想扩展知识面、提升理解力的朋友能有所帮助。

## 需要一个明确的模型

正如上面所说的那样，品牌架构缺乏标准化给品牌化建设带来了困扰，围绕什么才是品牌的主要构成这个问题，人们尚未形成共识，用来描述这些主要构成的术语也缺乏清晰性。长此以往，极易引发混乱，有时甚至还会阻断品牌化进程。

对于任何需要了解基础原理的从业者而言，不妨看看我们的品牌 DNA 模型。我们认为，这个模型囊括了品牌定义或开发实践中的重要构成。

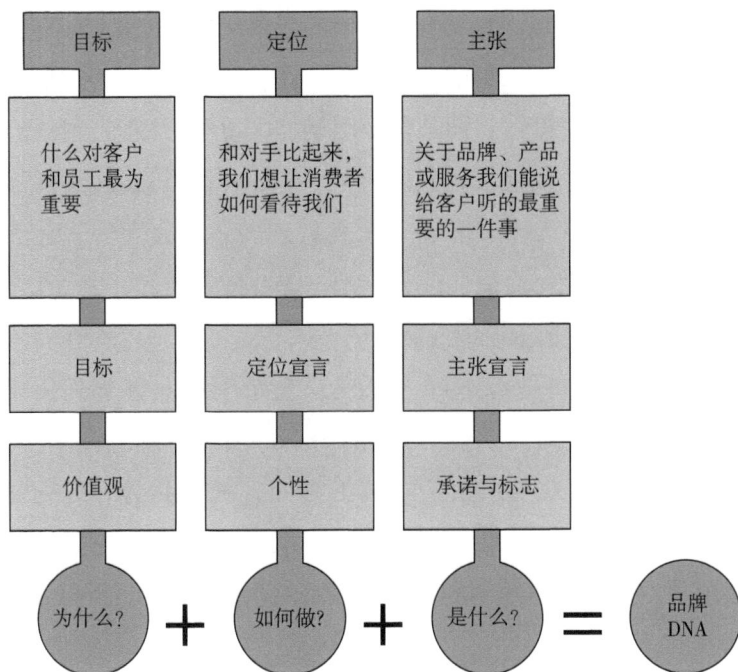

**品牌 DNA 模型**

从上图可见，品牌 DNA 包括品牌目标、品牌定位、品牌主张、品牌承诺与标志和品牌价值观和品牌个性 6 个方面：

品牌目标，是指品牌存在的原因，品牌终极动机的表达。品牌定位，是指相对于竞争对手，希望人们在市场上如何看待你的品牌。品牌主张，是指品牌为了创造价值所做出的承诺，是能够说给客户听的关于品牌、产品或服务的最重要的一件事。品牌承诺与标志，是指为了反映品牌意图而对客户做出的明确承诺、行动或行为。品牌价值观，是指塑造品牌文化的基本原则。品牌个性，是指品牌与众不同的特点和制度与客户的物质。

进一步讲，最好把品牌目标看作北极星，一个亘古不变的指导原则，一旦阐明，就不再改变。正如我们在前面提到的那样，目标经常是从对客户和员工真正至关重要的事情中体现出来的。随着时间的推移，品牌定位很可能会随着竞争环境的变化而变化，而这一变化应该是可以推断的，而不需要明确加以说明。相比之下，主张可以定期更新，以反映不断变化的客户偏好或不同的市场动态。人们把这些承诺视为独特的产品和服务标志。品牌价值观一旦确定，就其定义而言，就不会发生改变。把这些要素掌控好，你就会朝着创建引人注目、激励人心的品牌迈出一大步。

然而，无论模型有多好，终究只是个模型。你如何能够确保模型内容的正确性以及创建出来的东西从整体上独树一帜、对客户具有吸引力呢？除了勤勉工作外，我们认为，任何过程都必须以充分理解品牌境况为起点。从业人员必须对品牌所处的整个市场环境有充分的了解，才能知道如何去相应开发品牌。

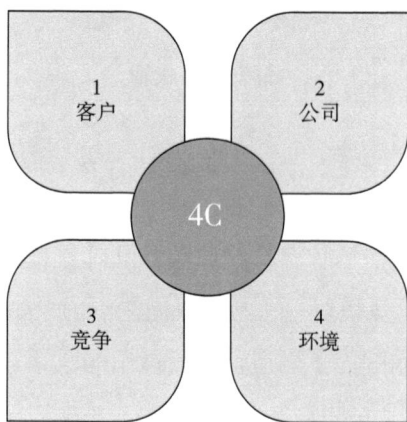

**4C 稽核模型**

我们认为，搭起这一基础架构并开发一个模型来助力品牌化过程是有益的。我们将其称为 4C（四个英文关键词的首字母均为 C）分析法。在使用这一工具的时候，要求从业人员对客户、竞争、公司和环境予以特别关注。下面，我们对这四个维度加以简要说明。

● **客户**

要想使打造引人注目品牌的机会最大化，就要以客户洞察力为基础。客户洞察力是对客户的观察，并可以据此采取行动。一些非常成功的品牌就是在异常敏锐的洞察力基础之上发展起来的。早在20 世纪 70 年代末，安妮塔·罗迪克就以入木三分的洞察力创建了美体小铺。她意识到消费者越来越注重环保，更重要的是，那些想要购买合乎道德规范的化妆品的消费者却没有得到很好的服务，于是，罗迪克便创办了一家企业来填补这一空白，而且一不做二不休，还创立了一个非常成功的道德零售品牌。其他品牌则是以一系列微不足道的市场见解为基础而建立起来的。

声破天并不是第一家音乐串流服务（streaming service）公司，但通过了解客户享受音乐的不同方式，它已经能够构建一流的功能、不同层次的访问、高分辨率的串流服务和无缝的多设备功能。通过洞悉客户的需求并采取相应行动，他们用筑巢引凤的方式获得了成功。

因此，品牌化建设者的工作，就是花时间去真正弄清楚客户想从你的产品或服务中得到什么。重要的是，客户并不总是知道自己究竟想要什么。通常情况下，从业人员的任务就是去发现没有明确传达出来的信息，并能领悟言外之意，从而获得真正的洞察力。

定性和定量的研究方法是众所周知的，它们完全可以成为从业人员工具箱中的利器，而其他获得洞察力的方法也正在越来越多地付诸使用。大数据分析可以揭示出新的或以前不为人们所见的行为模式；人种学研究可以帮助从业人员真正地沉浸到客户的生活之中；复杂的网络工具可以搜索意见和舆情，还能经常精准地识别出哪些活动在塑造类别或特定品牌的认知。还应当记住的是，许多行业的公司雇员、分销商和合作伙伴都有潜力充当"专家证人"，他们对客户的洞察力相当准确。

### ● 公司

大多数品牌所有者都不会长时间地思考自身真正的和感知到的优势。品牌的真正独特之处是什么？这种独特之处是否得到有效的利用？

我们之所以把"真正"和"感知"加以区分，是因为有时人们认为的领军品牌其实并不总是领头羊。我们认为，和其他制造商的产品相比，英特尔芯片更好，但大多数客户实际上并不知情。随着英特尔芯片成功实现品牌化，客户们已经开始相信它的品质在全球范围来讲也堪称上乘。

我们假设像奥迪和宝马这样的品牌都拥有卓越的工程技术，但我们真的知道它们的产品比远东同行的更（或不）可靠吗？知道自己的真实和感知实力，有助于真正洞悉客户的想法，并为未来的品牌定位或主张奠定坚实的基础。

### ● 竞争

一般说来，要建立一个引人注目的品牌，首先你必须知己知彼，了解竞争对手在做些什么。无论你是从头做起，还是寻求现有品牌的重新定位，重要的是，要知道哪里存在有价值的和有潜力提升服务质量的机会。有时候，定位区域清晰明了，而有时候则不太明显，反而更加微妙。其次你要抓住竞争的机会。就像历德超市一样，你会意识到，虽然传统的食品零售商在品种、价格和质量之间会做出权衡，但你完全可以通过限制品种、提升品质和压低价格来彻底颠覆这一模型。再次你还要胆大心细。也许你是开始创业，或者另起炉灶重塑竞争格局，但无论怎么做，都需要勇气和细致的观察。锐步用标志性广告"大肚子会抓到你"来打遍天下无敌手；苹果、可口可乐和斯巴鲁则对极权主义、不和谐和碌碌无为提出了各种挑战，虽然极易树敌，但他们有勇气去挑战，因为在他们看来，上述种种是发展品牌化的劲敌。最后，你在考虑竞争态势的时候，提倡同时兼顾直接和间接的竞争对手。通腾是否意识到其最大的竞争对手原来不是其他卫星导航制造商而是谷歌和苹果？私人出租车公司艾迪生·李最初把手机端优步放在眼里、看成是一个强劲的竞争对手了吗？竞争的输赢只在一瞬间，就看你怎么做！

- 环境

也就是对能影响到你所在行业的宏观和微观趋势做一全面了解和把控。比如，就汽车制造商来说，人们对空气质量的日益关切可能会影响到它的行业和业务；就咖啡连锁店或超市而言，人们对塑料对环境的侵蚀和对水源的污染越发担忧，很可能直接影响到客户的情绪，并最终影响到对完全可回收材料的重视。同样，客户对安逸的贪图可能会对零售业产生影响；或者对于银行来讲，必须要应对快速发展的区块链（block-chain）技术所带来的挑战。虽说并非每一个趋势都总能预见到，但站在更宽广的背景中去进行深入思考，往往会找出客户的需求，或他们真正的兴趣点和关注点在哪儿。

环境也有微观层面之说。业内发生的事情可能会直接影响到你选择如何定位品牌。比如，新技术是否推动你们行业的发展？如果是，你是否准备好了要在这方面发挥引领作用？客户是否更加重视自由和灵活性？如果是，你是否也想在这方面领先一步？英国能源市场的竞争日趋白热化，对价格也十分敏感。如果你是个刚刚入行的新手，该如何应对这一挑战？你是想寻求价位优势，还是独辟蹊径，谋求建立可持续的优势？

对 4C 稽核模型的每个组成部分的透彻理解，会为你创建或开发品牌打下深厚的基础。去粗取精也可以帮助你找到甜蜜点（sweet spot），即品牌赖以建立的获益领域。但需要指出的是，这种模型并不能越俎代庖，取代与品牌化建设形影相伴的努力工作和创造性思维。你需要判明真正的洞察力、有形的定位空间、真正的能力以及什么能对你所在行业产生影响。

# 一套实用的流程

既然我们已经明确了一个品牌模型，并对品牌创建和开发所要做的基础工作进行了诠释，那么，现在可能有必要重点介绍一下其他的品牌化流程，以便对相关内容有更深入的了解。

● **品牌命名**

从本质上讲，创建品牌名称仍然是一种创造实践，不过，想要出彩儿并不容易，还有很多事情要考虑。

在开始寻觅新名称之前，先看看你已经拥有的商标的有效性，通常会收到事半功倍的效果，对你想要的名字类型有一个合理的想法也是有帮助的。例如，你是否想起一个像帝亚吉欧这样的纯抽象的名字？名倒好起，让它出名可就费钱了。你想要像优步这样联想性颇强的名字呢，还是想要像货比三家网这样更具描述性（但可能很难注册）的名字？（为这个品牌独家打造著名的"比较蒙哥"广告战役的原因之一，恰恰是为了帮助客户将其与其他类似名称的竞争企业如"进行比较"区分开来。）一旦弄清了想要创建的名字类型，接下来就要知道在哪些商标类别和领域里注册这个名字，以及准备可行候选名单、进行必要搜索以及在语言／文化方面复核所要走的流程。当然，如果是个小品牌，起初只在单一领域里发展，那处理的方式将有别于大型跨国品牌公司在多辖区的运作。尽管如此，这里提出的许多初始问题还是值得你去认真思考的。

自 20 世纪 80 年代初约翰·墨菲将品牌命名流程整理编撰出来

以后，这一流程一直没有从根本上发生改变。关于这一主题，许多书的章节都进行过精彩阐述，包括《商标》和《品牌战略》。

● **品牌架构**

创建最佳品牌组合是一项复杂的工作——往往因过于复杂而被误解，这要视所涉及的品牌情况和数量而定。品牌架构实际上是寻找构建品牌组合的最佳方式。在大多数情况下，品牌架构大多数时间的任务，就是让客户轻松地了解现有的全系产品。例如，当消费者购买瑞士三角巧克力时，他（她）可能并不关心甚至也不知道这一品牌最终归美国企业集团卡夫食品公司所有。因此，三角巧克力从品牌所有者那里并没有得到什么包装背书。

还有，当消费者购买汽车时，通常对制造商是谁更感兴趣。因此，制造商和拟购车型之间往往有着更明显的联系。宝马、奔驰和福特都是母品牌（parent brand），它们都使用数字或名称来帮助客户了解这些系列产品。品牌所有者往往会在组合中使用一系列品牌来对应不同的价位或不同层级的体验。大众出售一系列自有品牌的汽车，但也销售奥迪品牌的高档车和斯柯达品牌的低价车。当进入新市场或新价格点时，会使现有品牌的可信度显得过于牵强，因此通常需要一个新的品牌。

相反，有时品牌架构是有意安排的，以帮助建立企业品牌。联合利华正在利用产品品牌来助力打造企业品牌，因为它认为，提高企业的透明度和可持续性是非常重要的。架构变得复杂，是因为有时需要决定哪些品牌应当剥离，哪些品牌要予以保留或发展，而在其他情况下，品牌所有者则受到历史关联或特定市场特有因素的制约。

如果你想了解更多有关品牌架构的介绍，我们建议你去读一下《别把标识搞得一团糟》。在《高级品牌管理》一书中，也有一章对此做了专题论述。

### ● 品牌管理

很难用几个段落就能把品牌管理说清楚。品牌管理旨在保持产品的独特性和关联度，以刺激需求和维持忠诚度，它需要使用显示性有益指标来衡量品牌在一个时期内的表现。虽然我们清楚跟踪研究的价值，但我们也会密切关注领先指标，因为这些指标有助于提升你的预测力——客户对话、宣传得分、推荐值、品牌认知度和情感。由于消费者对品牌的判断主要是根据品牌的行为来进行的，因此，要能够看到并预测任何变化所带来的商业后果。这点非常重要。

### ● 品牌估值

许多企业提供评估品牌价值的方法和工具，并对品牌或品牌组合采取估值主导的管理办法。虽然这些办法中有许多是属于财务稳健型的，但几乎无一例外地都有主观臆断之嫌。在实践中，往往很难将品牌的纯贡献与公司的其他部分割裂开来。因此，最好把最终数字看作是品牌相对价值的体现，而不是绝对数字体现的绝对价值。然而，品牌估值是得到会计专业的认可的，会用来帮助确定收购或合并时应支付给品牌的特许使用费和价格。

无论你对品牌估值的确切好处是怎么看的，几乎所有相关的方法都涉及对品牌作用和品牌实力的评估。品牌作用是要确定品牌在任何特定类别中的相对重要性。例如，品牌在汽油零售中的作用相对较低，但在奢侈品服装等类别中的作用却是举足轻重的；品牌实力旨在关注品牌管理水平，以及品牌中期生存的概率。比方说，像可口可乐这样的品牌可能管理得非常到位，因此健康的未来回报一定可期。

就这一方法的两个核心要素而言，我们认为，最有用的是品牌实力。大多数品牌所有者都在努力创造客观的工具来对品牌绩效做出主动衡量，但品牌实力可以用作跨类别和跨地域的客观框架，它可以包含多项指标，对品牌所有者管理更为复杂的组合来讲尤其有用。

● **品牌体验**

正如我们一直在强调，品牌与它们向客户提供的体验息息相关。如果管理倾向于衡量的话，那么，衡量客户体验及其对偏好和忠诚度的影响，是积极管理品牌的好方法。当然，在品牌作用居高不下的类别中，品牌在塑造行为和交付能力方面很可能具有更大的影响力，但正如我们所看到的，人们对所有企业的评估，越来越多地聚焦在企业实现高度组织黏性（organizational coherence）的能力上。

提供独特的、吸引人的和难忘的客户体验，需要确定优先顺序。这就需要对客户有一个透彻的了解，愿意把资金投到关键接触点上。易捷航空就是一个例子。该公司明确决定，让机票预订和办理登记手续的过程实现自动化，并使这些过程尽可能流畅，没有阻碍。手机应用程序使得全方位旅行管理成为可能。如果你要搭乘的航班有任何问题，它都会随时更新信息，提前通知。在伦敦盖特威克机场，行李处理过程几乎是完全自动化的。因此，减少了办理登记手续的压力，排队的时间也大大地缩短了。除了是一个良好的体验外，所有这一切都与易捷航空低成本承运商的定位相吻合。只要令人满意，我是不在乎要跑多少腿呀。

品牌体验是一个很大的课题，但如果你想就如何提升客户体验这个问题寻求一个清晰的视角，那我们建议你读一读哈佛学者弗朗西丝·弗雷的著述，她的许多思想都可以在网上找到。此外，《有意为之》一书探讨了如何利用品牌目标，来营造客户喜欢的有目的的独特体验；而《客户体验管理》一书的阐述，则可能是开创性的。

除了本书中列出的具体主题范围外，我们还开列了一些包含有用观点和工具的书目，这些书籍可能对从事品牌化建设科学和艺术的人有所帮助。其中的几本在下面做了概述，所有的书目都罗列在本章末尾的延伸阅读中。

《从优秀到卓越》——探讨如何才能成为行业翘楚和世界领军企业。

《艾克论品牌化》与《品牌组合策略》——探讨创建有效品牌和制定组合战略的 20 条原则。

《品牌如何成长》（第一部分和第二部分）

尽管这些书中的所有内容并非都能令我们苟同，但它们揭露了普遍存在的误解；提供了一个解读数字化对品牌影响的全新视角，读来能让人兴趣盎然。

我们也请各位关注《哈佛商业评论》和《麦肯锡季刊》。这两家期刊都定期发表有关品牌和品牌化的研究成果和文章。


## 本章小结

有一些明确的工具、伟大的思想和一系列有效的流程可以对品牌从业者构成支撑，但重要的是，不应当把这一切视为真正洞察力和创造性思维的替代品。品牌应该建立在明晰的洞察力基础之上。它们应该具有关联性和与众不同；它们应该能让客户嗨起来，并赋予他们以力量。品牌的创建是一项艰苦卓绝的工作，智商和情商一样不能少。有些工具可以起到为业内人士提供指导和捷径的作用，但它们永远不应取代处于每一个成功品牌核心的——人的因素。


### 延伸阅读

**品牌架构**

1. 乔恩·埃奇、安迪·米利根著《别把标识搞得一团糟》，英国《金融时报》普伦蒂斯·霍尔出版社，2009。

2. 保罗·唐波拉尔，高级品牌管理，威利在线，2010 年：https://onlinelibrary.wiley.com/doi/book/10.1002/9781119199670.

**品牌建设**

1. 大卫·艾克著《品牌组合战略》（*Brand Portfolio Strategy*），自由出版社；西蒙 & 舒斯特出版社，2004。

2. 大卫·艾克著《艾克论品牌化》（*Aaker on Branding*），摩根·詹姆斯出版社，2014。

3. 吉姆·柯林斯著《从优秀到卓越》（*Good to Great*），兰登书屋，2001。

4. 拜伦·夏普、詹尼·罗曼纽克著《品牌如何成长》（*How Brands Grow*），第 1、第 2 部分，牛津大学出版社，2010 年第 1 部分；2015 年第 2 部分。

**品牌体验**

1. 肖恩·史密斯、安迪·米利根著《有意为之：奉献人们喜爱的品牌客户体验》，科根－佩奇出版有限公司，2015。

2. 肖恩·史密斯、乔·惠勒著《客户体验管理》（*Managing the Customer Experience*），英国培生教育出版有限公司，2002。

**品牌命名**

1. 汤姆·布莱科特著《商标》（*Trade Marks*），帕尔格雷夫·麦克米伦出版公司，1998。

2. 约翰·墨菲著《品牌战略》（*Brand Strategy*），普伦蒂斯·霍尔出版社，1990。

**品牌估值**

1. 戴维·海格，品牌估值：管理和利用你的品牌，

加拿大广告协会：www.markenlexikon.com/texte/brandfinance_brand_valuation_ leverage_may_2000.pdf.

2. 简·林德曼著《品牌估值：品牌经济》（*Brand Valuation: The Economy of Brands*），帕尔格雷夫·麦克米伦出版公司，2009。

# 错觉 14

## 对有些业务类型来说，品牌无足轻重

我们尚未发现有哪一个行业是不需要某种品牌来助力赢得和留住客户的。

# 类别化品牌不需要运作吗？

不少人似乎天生就对品牌和品牌化实践持怀疑态度，可能是对品牌在做什么和不同的类别品牌如何运作方面存在模糊认识。尽管困顿迷惑无法回避，但实事求是地说，在正常运行的市场经济里，我们尚未发现有哪一个业务类型或行业不需要某种品牌来助力赢得和留住客户。

在运行正常的市场经济中，品牌实际上能起到简约表达的作用。它们起初只是种源或质量的一种保证——最最基本的做法，比方说农民给自己的牲畜打上烙印。随着数个世纪行过，经济的规模和复杂性不断增长，品牌变得更加复杂和常见。战后消费主义的兴起将品牌视为标识，能帮助消费者在日益增多的选项中做出快速、简便、可靠的选择。到了 20 世纪 80 年代，由于商品林林总总，选择面极宽，加之个人渐趋至上，品牌便成了自我表达的一种形式。人们可以将自己与特定的生活方式所需的品牌结合起来，并利用它们来传达自身想要的形象。

到了世纪之交，品牌则用来帮助人们摆脱日常生活的现实，寻求超凡脱俗、与众不同之感。"珠光宝气"成了象征财富和成功的口语化直白表达。奢侈品牌纷纷使出浑身解数来提升自己的吸引力，而像巴宝莉这样的品牌却证明，奢侈品牌的哄抬价位、硬混脸熟和无孔不入，实际上已经开始对它们的高端品牌的定位造成了负面影响。最近，随着人们对购物之举越发审慎，也深知社交媒体力量所在，我们看到品牌具有了更深层次的意义，更接地气，也能在更基础层面上和消费者建立起了联系。

然而，在这个王婆卖瓜自卖自夸的"时代"，有两样东西依旧没有发生大的改变。在运作正常的自由市场经济中，品牌的作用是产生（或刺激）需求，并帮助维持（提升）忠诚度。品牌之所以有价值，是因为它有助于创造需求（也能支撑价格溢价或防止价格走低），让心满意足的消费者很容易重复购买（这是对未来满意的指望）。一旦理解了这一点，你就可以深入到特定的类别中去，更好地了解品牌是如何运作的。

有些类别和行业实际上已经商品化了，虽然基础产品随处都可以买到，但附加价值的机会却少之又少，以至于客户往往对产品的供货商和生产商是谁并不上心，汽油、民用燃料油、水果和蔬菜可能都属于这一类别。但影响小并不等于不重要。在每一个商品化的类别中，也都有一些能够创建成功的品牌，想想美国石油公司德士古、红粉佳人苹果、英佰瑞超市有机食品、公爵原味有机食品就知道了，这些品牌无一例外成功树立了自己的独特形象，进而诱发了更多的需求，并维持住了消费者的忠诚度。新西兰猕猴桃营销委员会甚至成功地称其微不足道的产品为"佳沛"！

## 如何支撑价位

在某些类别中，品牌对购物决策的重要性因价位的不同而有所差别。个人电脑就是一个很好的例子。许多客户只想买一台价格低廉、性能可靠的电脑，别让他们失望就行。他们心里也都很清楚，在这个行业，制造商共享组件和技术，在很多时候他们实际上是从全球调拨零部件来进行机器组装的。在这些情况下，品牌的作用相对较低。只要是人们"熟知的"制造商，并有合理的业绩和可靠性记录，也就足够了。

然而，一旦你开始关注更多的高端个人电脑，品牌的作用就会变得异常重要。如果消费者在一件设备上花费高达 2000 英镑，他们很自然地就想知道是什么让它与众不同，它有多可靠，升级有多容易，它是如何定制的，以及售后服务是什么情况。在这一点上，品牌的作用更加凸显，因为消费者要买的产品，必须得让人感到物有所值，不能动不动就出问题。因此，购买戴尔或联想这样信誉度高的知名品牌也就成了顺理成章的事情。

## 购物决策的关键驱动因素

品牌在时尚界和服装业中的作用有点不同，通常比在前面提到的那些类别中的作用要大得多。就时尚界而言，选择去哪里购物或者愿意花多少钱，在很大程度上取决于消费者对品牌的看法。当消费者选择在拓扑肖普、纽洛克或普里马克购物时，他们实际上融入一个策划环境中。这些品牌以极具竞争力的价格为消费者提供了快时尚的刺激，进而形成了巨大的需求、大量的成交和忠实的客户群。同样，对奢侈服装来讲，品牌很可能是决定购买的主要影响因素。当消费者购买奢侈服装或服饰时，他（她）所买断的其实是一系列复杂而又有价值的、有形和无形的联想。在品牌作用很大的类别中，人们经常会看到品牌商品以各种各样的方式加以布置，借以实现零售赢利。

当走进阿尔迪或历德超市（在这一类别中，品牌重要性至少适中）时，最初你可能会觉得自己进入了一个与品牌分庭抗礼的平行世界。到这里购物，一来就是为知名的自有品牌摇旗呐喊；二来也在奚落那些选择到别处购物的人。即使这样，阿尔迪或历德超市也不得不重视使用品牌化实践用来创造需求和维持忠诚度。阿尔迪和历德超市在世界上最具竞争力的零售市场之一——德国分得了一杯羹，这得力于他们以极低的价格向顾客提供合理的质量这种经营模式，以及通过营造不加装饰的零售环境和大量有限的零售品种来实现的。不过，由于在很大程度上得益于超市里"崭新"和"新颖"的品牌，大多数顾客并没有真正注意到选择面有限。自有品牌构成了价值主张的基础，而新颖品牌大多由规模较小、鲜为人知的欧洲制造商所生产。阿尔迪或历德超市主动接洽了这些制造商，并获得了重要的分销机会，以换取极具竞争力的定价。

## 品牌在任何业务中都很重要

几年前，很多评论员认为，数字化最终会把品牌扼杀殆尽。他们的观点是，消费者即时比较产品和服务的能力，将消除任何简约表达或广泛情感链接的需要。如果唯产品和价格为大的话，那么品牌不过是一个标志。然而，数字品牌的迅猛增长和流行，使得这种断言显得为时过早。事实上，人们不仅喜爱品牌，而且也需要品牌。谷歌、脸书、爱彼迎、优步、户户送、易趣网、贝宝、货比三家网、爱索斯、远淘，只是在我们日常生活中如影随形的数千个数字品牌中的几个，高低毕现，无所不包，众口皆调。对于那些令人感到有亲和力的商品，人们喜欢有一种归属感。喜欢这些品牌的消费者，也都有着相似的需求和期待。

如今，许多人都认为自己没有足够的余暇来享受生活，加之每天接触到的海量信息，因此，消费者不太会对品牌多想。数字化时代可能会为消费者提供更多机会，或者至少更容易让消费者朝三暮四、心猿意马。但是，这几乎构不成现实的威胁。消费者追寻新鲜、新颖、令人放心品牌的脚步不会停止，对那些有吸引力或有价值的品牌仍将频频回眸，顾盼流连。2017 年，据 WPP 集团旗下的华通明略所做的最具价值品牌年度牌示（BrandZ）排行榜估计，前 100 名品牌的累积价值，业已达到了令人眼馋的 3.6 万亿美元。这一榜单基本上是按照集体生成需求和维持忠诚度的能力来进行评估的。100 强品牌包括亚马逊、苹果、脸书、谷歌、微软、网飞和优图视频。

对于品牌在 B2B 电子商务市场中的关联性，人们的疑心往往更重。在制造和技术等竞争激烈的行业里供职的精明务实的首席财务官，往往不愿意在他们认为脆弱的无形资产上投入大量资金。当遇到这种情况时，用"没有人会因购买 IBM 的产品而被解雇的"这句陈词滥调给有关人员提个醒还是管用的，因为这句话说得蛮有道理。品牌对生意来讲颇为重要，因为生意最终还是要落到个人头上的。人类总以为自己的决策是非常理性的，但是，有很多相对新鲜的证据恰恰予以了反证。诺贝尔奖得主、经济学家兼作家丹尼尔·卡尼曼的《思考，快与慢》一书，对认知偏差进行了探索。他认为，即使是在进行复杂的购物决策时，人们也倾向于做出情感型购买行为，然后再理性地为自己辩解；企业并购者往往希望赢得竞争优势，把风险降到最低，并稳获一个可靠的、成本效益好的业务伙伴。在所有这些动机中，品牌都有用武之地。它能凸显独特性，减少感知风险，体现投资价值，平添地位感和可靠性。

波音、劳斯莱斯和空客，所有这些企业在品牌上都舍得巨额投入。任何事情都无法也不应当取代它们对工程、制造和服务的质量与可靠性的优先考虑，但是，它们对品牌的看重仍然有增无减。当产品的性能和品质相差无几时，为什么做或如何做生意就显得更加重要了。

## 专业服务品牌

专业服务和商业咨询也是如此。诚然，在购买专业服务时，人们通常会非常重视那些为自己提供服务的人，但他们为谁服务也很重要。埃森哲、德勤、安永和普华永道都对自己的公司品牌投入了大量资金。任何咨询公司都希望能应邀参加可能带来丰厚利润的业务活动，但拥有一个备受人们尊敬的品牌往往是个先决条件。当然，对专业服务公司来讲，品牌也有助于吸引人才，开拓创意，开发知识产权，以占尽先机，跑赢业务。

有时人们会说，影响公司发展的是公司的声誉。然而，声誉实际上就是品牌的同义词。两者都是特定于公司产品或服务的特殊认知和联想。

## 情感有价

人们对任何行业品牌的依恋都不应被低估。试想，当你找不到自己最喜欢的咖啡店时该有多郁闷？当有人建议你应该买另外一个品牌时你得有多恼火？当有人提议你本应该买一台新电脑，而不是花 2500 英镑弄一台苹果 macbook 电脑时，你说你生不生气？当供应商更改部件的名称或规格，或服务项目进行了部分调整却没有广而告之时，你会怎么想？为什么我们对产品是用戈尔特斯（Gore-Tex）牌面料还是其他特种性能面料做的那么在意？

市场和行业无论体量多么小，都有机会来独树一帜，为消费者创造额外的价值。因此，品牌仍将是企业价值的重要驱动因素，助力日益增多的客户主动堕入产品或服务的"情网"，激励他们成为品牌的回头客。

品牌也可以帮助保护企业免受竞争和监管的威胁。对于竞争对手来说，一个拥有独特功能和情感属性组合的强大品牌，很难进行有意义的合法复制。保持产品的真正优势难度很大，投入也多。不过，保护知识产权以及它所蕴含的积极联想要更加容易。

一个强大而稳固的品牌也是未来盈利的有效保障。投资者们有理由相信，未来可口可乐将能继续保持关联性，依法依规地创造稳定的收入。同样的情况可能不适用于该行业内的其他品牌。正是由于这个原因，许多调查机构常常把苹果、谷歌、微软、可口可乐和亚马逊视为世界上最有价值的品牌。在未来，这些品牌极有可能继续创造高额的收入和利润。

## 本章小结

在正常运作的自由市场经济中，品牌几乎在各方面都从未缺席，扮演着重要的角色。它们帮助驱动价值，保持竞争优势，并受到高度保护。品牌还能助力企业与客户建立联系并留住企业的命脉——客户。

---

**延伸阅读**

1. 丹尼尔·卡尼曼著《思考，快与慢》( *Thinking, Fast and slow* )，企鹅出版社，2012。

2.WPP 集团 BrandZ 最具价值品牌 100 强报告：www.wpp.com/wpp/marketing/brandz/brandz-2017.

# 错觉 15

## 好品牌用不着做客户体验

　　品牌需要始终如一地提供独特的、连贯的和难忘的客户体验。它们需要接受这样一个事实：体验得好与坏，消费者都会分享或爆料出来。

# 品牌就在你身边

走在发达国家的大街上，请人们说出一些知名品牌的名字，他们很可能会提到苹果、宝马、可口可乐、李维斯、奔驰和百事可乐等品牌。同样有可能的是，当他们准备回答这个问题时，脑海里充斥着各种标志性的品牌形象和一系列正面或负面的联想。当让大多数人（凭记忆）画出这些品牌的标识时，他们很有可能画出苹果、"螺旋桨"、字母、红色标签、星星和圆圈的图案，虽然画的水平不敢恭维，但也说得过去。为了能在消费者心目中建立起这些联系，数以亿计的美元已经投了进去。所以，当提出考虑一下品牌或品牌化举措这一要求时，人们自然而然地直接默认了视觉标识也就不足为奇了。尽管斥巨资就是为了确立这一可贵的瞬间认同，但这钱烧得值不值就大有奥秘了。

客户的认可和归因是品牌化建设的基础，但对品牌的真实看法和感受，实际上是客户对某个特定品牌的所有个人体验的总和。在当今世界，任何成功品牌（任何形状或大小）的创建都与客户感同身受的密切体验息息相关。可以想象得到的几乎所有行业的品牌化都与客户体验密不可分。

我们先举一个有说服力的例子。作为一个非常成功的全球科技品牌，苹果在任何一天（股票市场交易日）都堪称是世界上最有价值的公司。先是在创始人史蒂夫·乔布斯的指引下，后来又是在其继任者蒂姆·库克的领导下，这种令人不可思议的优势地位在非常短的时间内得以实现。在过去的二十年里，苹果已经成为世界上最受人尊敬的品牌之一，而实现这一目标的路径就是对客户体验质量的全神贯注和持续关注。史蒂夫·乔布斯始终认为，在个人电脑领域出人头地的方法，就是专注于端到端的体验。为消费者提供的设备，设计上要先声夺人，还得直观、易操作，具有关联性、互动性和愉悦性。在乔布斯看来，电脑（和配套的设备）是为人服务的，因此，它们应该简单好用。他的这一观点实践证明是有远见的，不过，真正让苹果在全球大获全胜的是，乔布斯的这一理念在客户体验中自始至终得到了不折不扣的贯彻。1997 年，乔布斯再次被任命为苹果公司临时首席执行官。"新官上任"的他所烧的第一把火，就是忍痛割爱，砍掉了大量产品和研发项目，把公司的注意力集中在他认为会让公司改头换面的少数几个产品上。乔布斯，或者更广义上讲苹果，是"少就是多"这一理念的明证。

## 看看苹果

越深入研究苹果的案例，你就越能看清它的奇异之处。直觉告诉乔布斯，设备没必要非得做成毫无特征可言的盒子。他用设计创造出的美观、雅致、极简主义风格的设备，成了令人垂涎欲滴的消费品。众所周知，他花在设备内部设计上的时间与花在设备外观设计上的时间一样多。他鼓励员工创造强大、创新的设备，与专利操作系统无缝对接。他将苹果设备整合到更广泛的生态系统中，让苹果管理客户全体验，同时利用技术推动全行业的飞速发展。例如，热门音乐软件苹果音乐播放器就彻底改变了音乐产业。苹果对产品包装细节也倾注了同样的心血，并演变成了一种"开箱"仪式。他创造了标志性的广告，彻底重塑了商业街上的零售业。苹果专卖店变成了体验中心，顾客可以进来实操苹果产品，解决技术难题。干净整洁的店里几乎不卖什么产品，但最终的销售记录却屡屡刷新。

除了少数几个明显的例外，苹果所应用的技术并无特别之处，其他制造商皆可使用。但苹果的惊人之处在于，它选择了一种让客户感到惊喜和高兴的方式将他们聚拢在一起，而且孜孜以求，坚持不懈，全情投入。

## 少了客户体验就不完美

苹果向我们展示了策划品质客户体验的重要性，同时也表明客户体验的事并不简单，有很多方面需要考虑。比较而言，有些品牌更能提供沉浸式的、引人入胜的体验（航空公司、餐馆、娱乐中心等），但这并不意味着客户体验对其他类型的品牌不重要。在大多数服务企业中，客户体验是赋予独特想法或商业模式以生命力的唯一途径和必由之路。如果亚马逊、戴尔、大都会银行和宜家没有通过客户体验来表现自己目标的话，那么，它们的影响力就会受到极大的削弱。

产品品牌也意识到了难忘的客户体验所带来的力量。红牛，一种高咖啡因含量的软饮料，是一个真正建立在难忘和刺激体验之上的品牌。它推动和支撑了各种主流和利基极限运动，从一级方程式赛车、空中赛车到高空跳伞，不一而足。可口可乐、吉列、喜力、O2 和维萨等品牌，都在利用节假日来和客户建立起直接的关系。它们想方设法通过关联度高、引人入胜的方式来提升消费者的节日体验，从虚拟 T 型台到充值中心无所不包，甚至还提供小型啤酒帐篷。美元须俱乐部还展示了如何利用新技术来彻底重塑我们与剃须刀的关系，如此运作的它已经成为一个品牌，完全颠覆了人们对一个既定产品类别的看法。

同样的情况也发生在 B2B 行业里。

人们都愿意认为，在商业背景下，消费者购买产品和服务完全是理性的。可是，越来越多的新证据表明，无论消费者购买什么，都倾向于情感购买、理性辩白。事实上，人们很看重商务互动的质量，把它与个人生活中的交往等量齐观。四大咨询公司共同投资数百万美元以对客户体验加以改善；劳斯莱斯和吉凯恩等制造业企业在更新系统和流程方面投入了数十亿美元，以便自己能够成为客户的高效实时合作伙伴。业已彻底改弦更张的美国运通，不再仅仅是一张支付卡，而是成为一个完整的商业消费生态系统，一项帮助客户控制支出的数据业务企业。

## 细节决定成败

企业和品牌所有者意识到，客户体验与品牌化建设的艺术和科学密切相关，因此，他们正在用全新的思路和想法来追求这种体验。开明些的品牌所有者清楚，为了营造难忘的客户体验，他们首先必须分出轻重缓急，而不是求全责备，方方面面都想做得尽善尽美。正如哈佛大学学者弗朗西斯·弗雷所言："鱼和熊掌不可得兼。要想取，就必须得有舍。只需把没做好的事情体现在客户不在意的方面就行。"简单地说，弗雷所强调的就是，单纯靠保重点来解决所有问题是行不通的。如果你试过同每名苹果客服人员都进行沟通，就会知道你很难做到。苹果为客户服务是有条件的。由于苹果在其他方面做得都很好，所以，客户似乎对此也都不放在心上。开明的企业认识到，为了能让自己的品牌焕发生机，它们必须优先考虑并采用一套独特的产品或服务标志。这些标志以典型客户体验中重要的决定性时刻为目标，旨在使快乐最大化或使痛苦最小化。

# 标志的价值

维珍大西洋公司在这方面做得非常好。客户体验的每一个方面都经过了深思熟虑；在体验的每一个关键节点，特别是在开始、中间和结束时，标志都非常明显。比如，维珍知道，对于商务乘客（乘坐头等舱旅行）来说，前往机场往往是一个关键的痛点。因此，维珍为这些乘客提供了一个集成的应用程序，使他们能够远程办理登记手续，并随时掌握航班状况以及拟乘坐的从出发地到机场贵宾区的豪华轿车的运行情况，从而使得这一流程尽可能地简单顺畅。维珍为顾客提供的贵宾休息厅体验非常好。在维珍会所里，乘客可以从免费的菜单中点菜；到游戏室里玩游戏或在水疗中心享受水疗，甚至还可以在登机前冲个澡。登机之后，乘客可以把舒适的座位放平成床；还可以在鸡尾酒吧里喝上一杯。维珍竭尽全力让机上旅程变得饶有趣味和令人难忘——包括为夜间飞行的头等舱乘客提供免费睡衣。飞机抵达目的地后，乘客同样有机会在贵宾休息室沐浴休闲。维珍清楚"成也服务败也服务"的极其重要性，他们深知，对坐在加压金属罐里在 3 万英尺高空上一飞就是多少个小时的乘客来讲，有些时候他们爱莫能助，所以，就努力利用好一切可资利用的时间，让乘客对这次航程尽可能地感到心情舒畅和难以忘怀。维珍明白什么对乘客来讲是最为重要的，因此，他们提供了一套独具特色的、很合时宜的标志性服务，以便把自己和竞争对手区分开来。

# 体验经济的兴起

早在 1999 年，经济学家约瑟夫·派恩（Joseph Pine）和詹姆斯·吉尔穆尔（James Gilmour）就在《体验经济》一书中宣称，发达经济体将进入一个崭新的经济时代。他们认为，就像经历过农业经济、工业经济和服务经济一样，我们如今正在进入体验经济。这本书的影响力很大，虽然书中的一些预言（事后看来）有些言过其实，但还是颇有先见之明的。这本书的核心主张就是，随着消费者所能接触到的产品和服务日益增多（或正在增多），人们开始对能够提供特殊或独特体验的东西高看一眼，其中，尤以能带来个人转变的体验为至高至尊。其实，你只消快速浏览一下比较受欢迎的社交媒体网站就能证明这一点——大部分社交媒体活动都与个人或集体体验的分享有关。消费者非常重视自身的体验，好的会毫不犹豫地分享，坏的会毫不迟疑地吐槽。

维珍这个品牌凭直觉就能明白转变性体验的力量。通过选择挺进传统体验不能让客户享受良好服务的市场，维珍建立起令人印象深刻的公司组合。有时维珍是单枪匹马，更多的是与其他投资者合作，帮助航空旅行、火车旅行、金融服务、医疗保健甚至当地健身房等行业制定出新的标准。维珍一直在寻求可以改变游戏规则的市场，并为客户提供更好的客户体验。目前，维珍品牌旗下有 29 家不同的公司在运作，虽然并非所有的公司都是开路先锋，但许多公司已经成功地改变了服务期望。现在，维珍品牌创始人理查德·布兰森正在努力争当为客户提供实际负担得起的太空旅行的第一人！

毋庸置疑，有人会认为体验经济已是明日黄花，早就被远远地抛在了后面，现在都已经进入第五个时代——创新技术和人工智能的新时代了。技术正在加速增强我们的能力并改变着我们的生活，必须加强对技术进行统筹应用，以进一步改进消费者的体验和与世界互动的方式。因此在很大程度上讲，体验经济仍处于起步阶段，人们将会把技术用来提供更具关联性、更加吸引人和更有沉浸感的体验。在一个自动化流程和人工智能的世界里，消费者似乎更加看重人与人之间的联系以及难忘或独特的体验。

## 技术正在改变消费者的期望

除了技术在未来将如何应用值得关注外，必须看到它已经从根本上影响我们目前对优质服务的期望。变革的主要推动者是亚马逊。亚马逊给电子商务带来了一场革命，并从根本上改变了客户心目中的优质服务体验。当只需在海量的产品库存中简单地点击几下鼠标就能实现第二天交货时，客户的期望就永远地发生了改变。倘若亚马逊能够快速、精准地完成所有这一切，那么，规模小得多的零售商为什么就做不到呢？如果亚马逊可以在价格上具有竞争力，但仍能提供无缝回报和准确的产品追踪，为什么别人就不能呢？当然，亚马逊在电子商务上下了很大的赌注，并且最终证明是正确的。并不是所有人对亚马逊的这种做法都能理解。客户并不一定非得在意这一切是如何做到的，也不一定非得操心其他人追赶上来得有多难。从亚马逊坐拥这种能力的那一刻起，它很快就变成了一个新的规范、当下交易服务的新标准，所有评判其他企业和品牌都要以此为准绳。有意思的是，像苹果一样，亚马逊的创始人也素来以客户为中心，对零售业的新愿景深信不疑。

亚马逊给零售业造成了巨大冲击。如果亚马逊能够做到任何产品都可以在数日内交付，那本地的汽车经销商怎么会花六个星期的时间来给我的汽车订货、换件呢？如果我买了新床或床垫，想要卖场送货上门，为什么要我等上八个星期呢？消费者不是生活在真空当中的，一旦"在课堂上"尝到了最佳体验的甜头，他们很快会期望在其他任何地方都能体验得到。当然，对数字化本土企业来说，冲击市场是一回事，而老牌企业要直面挑战、彻底改造自己则是另一回事，不过，有些公司的确已经做到了。

## 抓住数字化机遇

像阿戈斯和约翰·刘易斯这样的商业街主流零售商，已经成功地对部分或全部业务进行了重组，以迎接数字化世界的挑战和机遇。银行也在尽可能为客户提供"全方位"的体验。客户可以通过他们选择的任何方式来与这些企业进行互动，比如实体店、大量的网络设备、应用程序甚至电话等。这些品牌将把消费者的购物和浏览记录存储起来，从而使得消费者可以在设备之间实现无缝对接和转换，还能为消费者提供针对性极强的商品和相关激励政策。

随着电子商务的增长已成大势所趋，企业不得不重新考虑如何处理它们的有形资产——实体店、展示厅、库房和分销网络。以往有形资产的优势往往非常明显，它们能拉动销售，左右有效分销，抬高入行门槛，而现在的情况要复杂得多了。随着线上交易量越来越多，以及消费者只光顾已经熟悉现有服务的实体店和经销商，品牌所有者正在把更多的实体店变成体验中心。员工被重新定位为主人——代表、导购和答疑解惑者，而不是简单地"销售"产品或服务。

许多零售商都精心策划出一系列的体验活动。耐克的旗舰店实际上是沉浸式品牌体验中心，在那里你可以走进一系列迷你世界。门市出售限量版服装，并提供定制个性化服装和鞋类的机会，消费者甚至还可以选择在当地门店里进行体育锻炼。宝马的一些较大经销商还推出了"天才酒吧",消费者可以在那里寻求有关宝马产品的任何咨询和建议。

体验也有半衰期,这也是事实。一旦消费者认为你的品牌体验独树一帜,那么对你来讲,重要的是能够保持住这股势头。像耐克这样的品牌就能做到不断地反省品牌行为所带来的影响,充分认识到洞察力、精力和创造力是领先客户一步所必需的。

## 体验能形成稳固的链接

体验与品牌认知密切相关。一个著名的电子消费品牌决定不再要求其代表去"销售",而是要求他们去"解释"。该品牌所有者意识到,消费者已经对产品有所了解,因而销售代表的作用就是以消费者对产品的一知半解为基础,继续深化他们的认知,直至对各种产品了如指掌,使消费者而不是销售代表能够就适合他们的模式作出知情的决定。

消费者自身的体验不仅极大地塑造了自己的认知,而且还能反过来对他人的认知产生很大的影响。这一效应在社交媒体上会呈几何级放大。品牌所有者需要始终如一地提供独特的、连贯的和难忘的客户体验,他们需要接受这样一个事实:体验得好与坏,消费者都会分享或爆料出来。品牌需要让消费者分享好东西时感到得心应手,容易便捷,而对不如人意的地方做出灵活有效的应对。人非圣贤,孰能无过,但对消费者的蔑视是不会轻易得到原谅的。

虽然人们很容易从纯粹的视觉角度来看待品牌,但它们的力量来自在消费者心目中占据空间的能力。实际上,品牌是一个独特的组合,是消费者与品牌所有互动所形成的情感和理性联想的组合。

## 本章小结

　　随着消费者变得越来越老练，越来越重视体验的价值，品牌所有者都在寻求为自己的体验确立一个更加独特的优势。技术正在加速这一变化，改变人们的期望，冲击现有的市场，帮助品牌所有者营造簇新的、更有吸引力的体验。这表明，让消费者享受到真正的体验的确非常重要。

---

延伸阅读

　　B. 约瑟夫·派恩Ⅱ、詹姆斯·H. 吉尔摩著《体验经济》(*The Experience Economy* )，哈佛商业评论出版社，1999，2011。

# 错觉 16

## 品牌只与产品有关

品牌远非产品本身，它是数百种活动的集合体，旨在消费者心中形成并占有一席之地。

# 品牌的显性优势

常听到有人断言，品牌就是"瞎忽悠"，既不必要也无关紧要，而且这些人还旁征博引，把科技带来的冲击视作敲响品牌的丧钟，因为科技带来了便捷，既然现在人们能在网上即时比较所有的产品，那么产品本身才是真正重要的东西。

这个误区可是不能小觑！

品牌远非是一种产品或服务。如果科技能将它们变得无关紧要的话，世界上十大最有价值的品牌中的七个（根据国际品牌集团的数据）实际上都是技术品牌，这又是怎么回事呢？这就说不过去了吧？

品牌是一种合成物，是数以百计的单项决策和活动的结果。虽然产品或服务通常处于品牌的核心位置，但它绝非是唯一重要的东西。

我们援引一个汽车行业的例子来说明。如果我们从不同的制造商中挑选出一批汽车，把它们的主要性能标准列出表格，然后删除所有车辆型号和品牌信息，我们敢保证这时你恐怕不可能把它们一一区分开来。我们还怀疑，如果把表格作为价值数万英镑的购买决策的唯一依据，你会感到非常不舒服。其实，在几乎所有的市场中，大多数领军公司为客户提供的产品性能都是一样的。虽然产品（或服务）很重要，但在做出购物决定时，其本身的产品性能倒是没那么至关重要了。

品牌之所以重要，是因为它们提供了一个超出产品或服务的竞争机会。它们也很难复制。如果一个品牌在你的心中占有一席之地的话，要想将其移除很难，而且也不太可能被一个东施效颦的竞争品牌所替代。品牌是差异化的一个重要来源，它能培养活力和独创性，并助力品牌所有者与客户建立正面的和有价值的联系。

任何品牌都很难单单依赖其产品质量来建立竞争区隔。通常说来，特征极易复制，就连创新品牌常常也会发现，竞争对手行动神速，穷追不舍。这并不是说产品或服务的质量和变化不重要，而是说，如果特殊配方或技术创新离开了专利的保护，品牌就不可能长期保持其特殊产品的独享利益。当然，这方面也有例外。肯德基和可口可乐的配方多年来一直秘而不宣；没有什么车的驾驶感能和保时捷的相仿，也没有哪家电商能像亚马逊那样提供全面、快速的服务。然而，产品和服务创新被迅速、有效地复制的例子数以千计。如今，大多数中档汽车的特征都非常相似。防抱死制动系统或蓝牙连接等技术曾经只是少数高档汽车的专利，但现在或多或少已经成了行业的标配。苹果的西瑞智能语音助手这样的语音激活技术很快就遭到了模仿，并且可以说已经被亚马逊等其他供应商的技术所超越。

创新的产品和服务尽管可以形成短期甚至中期的竞争优势，但是难以为继。即使是自主设计半导体技术并获得专利的英特尔，也只能通过创新品牌化方法来保持领先地位，把自己定位为他人大机器中的一个重要组成部分。

## 伟大的品牌有助于区分伟大的产品

伟大的企业通常专注于伟大的产品或服务，但是让他们得以为继的，是品牌以及品牌具有的催生需求和维持收入的能力。我们暂时再把目光转回到汽车行业。在选购汽车时，消费者确实会仔细地观察产品的性能，包括它相对于竞争对手的优势所在。不过，很有可能消费者的购买决定也会受到制造商品牌实力的影响。当消费者把选择范围逐步缩小时，自然会（有意识或无意识地）考虑自己更喜欢哪个品牌，而这种偏好源于消费者与该品牌的全部互动。消费者对制造商的所有了解——广告、汽车设计、经销商体验、评级和评论、赞助和相关因素以及个人推荐等——都会给他们留下印象，这种印象的力量，能决定他们在很大程度上认同并且想购买那辆车。树立品牌就是设定期望，并持续地朝着这个期望发力，然后想方设法来强化积极的体验，这样才能说服消费者再次购买。

无论消费者购买牙膏还是智能手机，品牌的作用可能会有所不同（与其他因素相比），但在这两种情况下，消费者购买的不仅仅是产品的功能功效。下面，我们从两个类别中各拿出一个品牌来加以说明。

## 两个品牌的故事

舒适达（由葛兰素史克拥有）是世界领先的优质牙膏之一，就像苹果手机（由苹果公司生产）是世界领先的高端智能手机之一一样。两家公司都采用了类似的方法——从高性能产品入手来打造自己的品牌。舒适达对牙齿脱敏美白的功效已经得到了证明。此外，它还拥有一系列的创新技术，旨在进一步提升这些效果。异曲同工的苹果则从一套高性能设备做起，这些设备在硬、软件性能集成方面可以说是领先的。虽然两者的价格点差异很大，但是品牌对两者都有很大的影响，只是产品类别不同而已。我们需要相信这款牙膏，并且相信这个价格点能体现其应有的功效；当用 600 英镑购买一款新的智能手机时，我们需要感到这样的花费是合理的，而且拿着它出门会感觉良好。

因此，不管是牙膏还是手机，我们可以看到，品牌都是为了帮助解决消费者的核心需求而派上用场的。拓展出去我们还可以看看品牌对产品的其他的贡献。就拿广告和沟通来说吧。舒适达总是把自己当作专业人士的选择来示人，这样，它既可以为自己的溢价正名，也可以为其核心功效争得额外的支撑。苹果的举措也是殊途同归，众所周知，苹果的产品是专业创意社区的选择。在其促销广告中，苹果对这一讯息进行了强化。苹果的广告充满活力，简单而神秘。

接下来，我们谈谈可用性和产品上架。这两个品牌严密控制产品的供应和分销。舒适达极力确保牙医使用其产品，并对产品的销售方式和销售地点严加管控。苹果在产品供应和分销方面是出了名的，其产品只能通过门店和线上，然后通过数量非常有限的高端分销商才能买到。苹果想要控制全部零售体验，因为它正可以借此重申自己品牌的与众不同——没有人拥有像苹果这样独特的门店。

我们再来谈谈包装本身。舒适达舍得投入，使用包括大量空白和精心绘制的图形等来暗示和强化与专业牙科、美白以及产品中所含的专利技术的联系。苹果公司在这方面也做得非常出色，苹果认为，对于价值不菲的产品，打开产品包装的体验和购买该产品同样重要。按照现代标准来衡量，苹果的包装不仅是高质量的，而且堪称直观纸板设计的奇迹。这一切都不是偶然发生的。包装设计是为了凸显所购产品的独特优异品质，强调苹果产品的创造力和富有禅意的简约气质。

在这些例子中，我们只涉及了三个具体的接触点。人们有时把它们称为"真相时刻"。诸如此类，不胜枚举。你希望看到的是，品牌的不同元素是如何结合在一起来支撑产品和价格溢价的。

# 就像产品一样，品牌也将日臻成熟

随着对消费者思维方式的理解不断加深，品牌寻求影响消费者的感知和观点的复杂程度也在不断增加。丹尼尔·卡尼曼在其颇具影响力的著作《思考，快与慢》中，提出了与以往思维方式不同的新模式。卡尼曼认为，所有人都有两种主要的思维模式，他把这两种模式标为系统 1 和系统 2。第一种思维模式在很大程度上与人的大脑中的直觉部分有关，它帮助人们对事物做出快速评估，并形成事物之间的联系。第二种思维模式与解决复杂问题或检验逻辑推理的有效性有关。卡尼曼承认，这些模式并非他的发明，但他的创新之处在于，他所提出的系统 1 在多大程度上影响了我们。弄明白这一点很重要，因为系统 1 思维喜欢使用启发式，而启发式是心理学的一个术语，意思是能帮助我们更快地做出决定的心智捷径；一旦掌握了这些启发法，你就可以利用它们来对消费行为施加影响。

业内人士会使用这些启发法来塑造消费者对品牌的认知。这方面有一个很好的"锚定"例子。事实证明，一个人准备付出多少，取决于他是否得到了锚点。看似价格很高，但如果告诉他这是该产品或服务的最终价，或者可以证明给他看其他有同样需求的人平均支付的价格和这个非常接近的话，那么，他可能就不会觉得那么贵了。启发法可以变得非常复杂，除了价格感知外，它还可以用来塑造可感知的质量或功效。汽车制造商花费大量时间让车门关闭的声音听起来"恰到好处"是事出有因的，许多消费者把厚重的声响视为一种启发，是整车质量的全面写照。因此，今天的从业者必须动用所掌控的所有工具来塑造和影响消费者的感知和行为。

那么，科技将产品的重要性提升到足以导致品牌消亡的程度又怎么说呢？嗯，眼下这个论点看上去不太有说服力。

## 科技为品牌提供了新的机遇

毫无疑问，在当今世界，品牌将和带有根本缺陷的产品或服务一起挣扎图存。技术所做的是把客户意见的力量成倍地放大。在过去，品牌可能会因为消费者贫穷而逃过一劫，因为心怀不满的消费者在忘记自己的经历而释怀之前，充其量也只能把自己的境遇告诉身边的几个人。如今，这种情况一去不复返了。耿耿于怀的消费者可以在短短几秒钟之内就闹得满城风雨，将他们的负面体验分担或推特给成千上万的人（有时甚至是数以百万的人）。这对品牌产生了深远的影响。据美国 Adobe 公司的研究显示，72% 的千禧一代在去实体店之前会进行在线调查和购物；74% 的美国消费者认为，口碑是影响他们购买决定的关键因素——积极的客户推荐也能将销售额提高多达 34%。当今的企业要想蓬勃发展，所提供的产品或服务质量就必须（最起码）要达到一个可接受的水平。这为品牌提供了一个绝佳发展的机会。如果企业能够更好地理解消费者，并采取有效或适时的干预措施，那么肯定会受到消费者的欢迎。

技术帮助缩小了品牌所表达的与实际做的（或提供的）之间的差距，而且它赋予了好品牌更多的机会，使它们因行为到位而受到消费者的欢迎。

技术还使得竞争品牌之间的产品和服务对比（以及替换）起来更加容易。尽管这无疑会让一些老品牌感到芒刺在背，但它也给原本死气沉沉的市场注入了新的竞争力。英国能源市场就是一个很好的例子，虽然这个市场仍然被大型能源公司所主导，但在过去几年间，有许多新品牌进入市场，目前已有 60 多个不同的品牌在分能源这块蛋糕。有些后起之秀把新的主张带进了市场，逐渐受到瞩目。消费者开始意识到，货比三家，多逛几个地方是值得的。

## 别把变革和消亡混为一谈

当前还有一个现象，就是中端市场机会的空心化。要在经济中迅猛发展，品牌就必须做出抉择，二者必居其一：要么行动迅捷、价格低廉，要么锐意创新、价格昂贵。由于有像亚马逊这样的改变速度和送货方式的品牌，以及像谷歌这样的能让人们即时发现并审查产品的强大搜索工具，消费者似乎不太愿意花时间徜徉在中端市场零售商的孤岛上，寻找可靠但最终令人兴奋不起来的产品。即便是在零售业之外，消费者似乎也希望日常品牌既便宜又可靠，这样就给他们留出更大的空间去进行任性的变革型体验。尽管这些改变很有意思，但用它们来证明品牌正在日薄西山、现在最重要的是产品，那纯属懒人之举，显失公允。虽然技术的确对既定的商业模式构成了冲击和破坏，并在此过程中令一些知名品牌承受着重压，但它也有助于催生出崭新的商业模式和全新的品牌。

## 本章小结

在当今经济环境下，很少有品牌能够承担得起只为客户提供糟糕产品和服务的后果。但是我们应该记住的是，产品和服务只是品牌的一个组成部分（尽管很重要）。品牌远非产品本身。品牌是数百种活动的集合体，旨在消费者心中形成并占有一席之地。技术并没有消除对品牌的需求，也没有将产品哄抬到一个至高无上的地位。

和任何单一的产品或服务比较起来，品牌仍然是建立和保护长期竞争优势的最佳方式。

---

**延伸阅读**

丹尼尔·卡尼曼著《思考，快与慢》（*Thinking, Fast and slow*），艾伦·莱恩出版社，2011。

## 错觉 17

### 创立品牌易如反掌

品牌命名的过程需要精心管理，严加核对名称的合法性以及文化和语言的适应性。这比做起来要难得多。

# 走出误区

这个误区是针对品牌的命名而言的。很多业内人士把为品牌命名看成是信手拈来的事情——只需找上几个点子多的人聚到一起，喝着咖啡想法就出来了，大概这些人相信自己天生就有命名的能力吧。出现这个误区的主要原因是，他们把创建和注册一个品牌名称等同起来了。

或许，对一家规模很小、没什么抱负、对商标的价值也没有真正了解的企业来讲，能做到这点也就足够了。但倘若你是一家规模较大的企业，有壮大业务的愿景，还打算做国际贸易的话，那么，在命名的过程中，你就应该多听谏言，认真对待。

如果你已经有了品牌，但你又想再创建一个新的品牌，在着手创建新名称之前，我们总是会建议你抽时间想一想是否真的需要一个新的品牌名称，因为新名称不过是一个简单的描述符号而已。业内人士的任务，就是把不必要的品牌数量减到最少。此外，即便真要创建新名称，在开始之前最好还是琢磨一下现有品牌的名称，有的是明显可以重新定位的。一定要想着把全套商标都回顾一下，成熟品牌所有者往往会有大量被遗忘的名称，完全可以重复使用。

## 有价值的商标

虽然品牌寓于消费者心中，但用以识别品牌的东西（牌子、设计、包装形状甚至是声音）绝对可以注册并受到保护。合法拥有和保护这些有形资产，才能使品牌巨大的价值凸显出来。这一点很重要。

因此，从法律和财务视角来看，品牌最重要的方面是商标，即名称和标识。对任何希望提出注册域名主张的从业人员来讲，必须能够注册和保护自己的品牌，确保拟议中的品牌名称和标识实际上具有无碍性——换句话说，相同或高度相似的东西尚未开发出来，并且要么已经注册，要么处于注册等待中。因为在拟进行交易的所有领域和全部商标类别里都需要进行注册，这就使情况变得更加复杂。即便对见多识广的"老司机"来讲，想要从一开始就把事情理顺，也有很多因素需要考虑。这是品牌命名难的第一个原因。

幸运的是，由于有了商标律师的力挺和一点点实用主义的加持，许多复杂问题可以迎刃而解。实际上，许多公司只是在几个领域和商标类别里进行注册，从而极大地简化了程序。在欧盟，成立了一个一站式商标注册中心，缩短了初审的时间，收费也不高，使得众多数字专营品牌不再那么担心要在多个商标类别里进行大范围注册。

如今，单从申请和注册的绝对数量来看，遇到注册遭拒的情形时常发生。为了能注册成功，申请方可能要做出某些妥协，把注册范围缩小或局限在特定的商标类别。申请方甚至还可能发现自己不得不与第三方谈判，以便将现有名称所蕴含的权利合法地转让过来。

应当指出的是，在消费品市场上，也会出现所谓的"假冒行为"，这类例子司空见惯。一个品牌名称模仿另外一个，已经到了令消费者真假难辨，致使正宗品牌在利益上受损的程度。虽然仔细看后会发现名称和标识并不完全相同，但从整体上来看，百分之八九十的相似率对正宗品牌产生了负面影响。

从一定程度上讲，注册过程的复杂程度取决于品牌的潜在规模和范围。作为一家跨国公司，要推出或重新命名一个上十亿美元的品牌，很可能就会把上述所有因素都考虑进去。尽管如此，无论公司大小，我们建议在操作之前，最好先考虑命名过程的法律要素，然后再进行时间和费用上的投入。

# 名字里有什么？

使品牌命名更加复杂的第二个原因，是名称在帮助创建品牌时所起到的作用。如果不认真观察的话，这种作用看起来并不是那么明显。不过，不同类型的名称是可以帮助品牌所有者达成不同的目的的。严格说来，命名算不上是一门科学。尽管如此，也要在战略上重视它，虽然大多数人还没有认识到这一点。

在探讨这个问题之前，我们也得记住，品牌名称本身和品牌并不是一回事。品牌是一个复合体，是寓于消费者心中的功能特性和情感属性的综合。为了说明这一点，我们来看看许多企业的品牌名称，一旦脱离了环境去看（孤立地看），就显得好生奇怪，甚至可能格格不入。如果从头来过的话，你会选择"靴子"（Boots）作为药房的名字吗？你会选择"登喜路"[Dunhill，与英文"粪堆"（Dunghill）一词只差一个字母] 来作为系列高档绅士产品的品牌名称吗？当你去一家电脑商店买"苹果"的时候，你会期待店员递过来一个绿色的小苹果吗？绝对不会的！问题的关键是，在品牌语境中，这些词儿已经基本上失去了原有的含义，而代表着完全不同的意思和联想。

要记住，品牌名称是一个重要的标识符号，只有认识到它固有的作用和灵活性，才有可能把命名机会用到极致。

# 划定品牌的命名范围

品牌名称基本上可以分成抽象性、关联性和描述性三类，它们各有利弊。最好是将其置于一个更大的范围中去加以考虑，使每一类名称在这个范围里都占据一个特定的位置。

**品牌的命名范围**

● **描述性名称**

如图所示，描述性名称位于这个范围的一边。所谓描述性，顾名思义，就是名称对品牌的实际作用做了全面或广义的叙述。我们常说的"货比三家网"就是描述性名称的一个很好例子，消费者一听这个名字就知道这个品牌是做什么的了。同样，英国航空公司也直接描述了自己的品牌是做什么的，就像必胜客或数字大鳄脸书一样。除了告诉消费者品牌是什么或做什么的之外，描述性名称还可以描述组合的行为或感觉，如贝宝。

描述性名称对消费者了解品牌很有帮助，因为它不需要进行解释或限定，可以起到立竿见影的效果，在整个数字化空间中体现得更加明显。然而，由于它们本质上具有描述性，很难注册成功并受到保护。从实践经验来看，名称的描述性越强，合法注册的难度就越大。

● 关联性名称

对于命名范围中的第二类名称——关联性名称，情况就不同了。一般说来，关联性名称是旨在与期望的利益或感觉建立起明确的关联，因其描述性较弱通常更容易注册。美中不足的是，关联性名称不能立即让人心领神会，因此需要更多的支撑或添加。在有些情况下，可以使描述性名称具有关联性，只需应用在完全不同的上下文中即可。比方说，"苹果"用于个人设备和计算机领域；推特是一个非常好的关联性名称，因为它传递出了服务是什么样的以及享受服务时的感觉；领英将品牌名称和使用其网络服务的主要好处联系起来；谷歌是古戈尔（googol）的错误拼写形式，古戈尔是一个天文数字（10 的 100 次方）的名称，旨在把服务与搜索引擎的强大功能联系起来；维珍的名称与处女座联系在一起，用来强化这样一种感觉，即维珍总是用新的视角来看待市场机会，并有意向现状发出挑战。

关联性名称可以用来打破市场常规。当和记黄埔在英国移动电话网络市场推出奥朗捷品牌时，它与塞尔网和沃达丰等名字截然不同，引起了消费者的极大兴趣。

关联性名称经常用于处方药，而从理论上讲，药品生产商是不允许利用名称来传递药效信息或表达特殊功用的。伟哥和百忧解这两个名称堪称经典，都暗示出了笃定积极的联想，即便吃不出药到病除的效果来。

### ● 抽象性名称

最后一类名称是抽象性名称。所谓抽象性，就意味着这些名称与品牌之间有一层认识的膜，不像描述性名称那样一眼就知道是做什么的。抽象性名称要么是缩略词，要么是名字和音节的组合。众所周知的抽象性名称包括柯达和施乐。没有人会记得 IBM 曾经叫"国际商用机器"。麦当劳（MCD）只是一个姓氏，从一个姓氏中你根本看不出来这是一家餐饮品牌，但是随着时间的推移，M 已经具有了一定的品牌意义了。杰克·科恩从托马斯·爱德华·斯托克韦尔那里买了一批茶叶后，"特易购"这个名字便应运而生。他用托马斯·爱德华·斯托克韦尔名字的三个首字母（TES）和自己姓氏（Cohen）的前两个字母制成了新的标签。

抽象性名称通常用于企业控股公司或者大型公司的更名。饮料集团帝亚吉欧就是一个很好的例子。

抽象性名称通常说来更容易创建和注册，但缺点是，建树它们需要大量投入才行。

不言而喻的是，品牌命名应当深思熟虑，审慎对待。花些时间去充分考虑上述因素，会使命名过程更加简约高效。

## 命名是有情感的

品牌难以命名的第三个原因，是因为它往往会变得高度情绪化。

品牌所有者和消费者可能会对品牌产生强烈的皈依感，从而使重新命名的过程充满了离愁别绪。由于品牌名称往往成为品牌本身的同义词，因此，把名字"起对"意义非同寻常。一些著名的品牌深受公众批评的困扰，因为公众还记得像"托运人"或"星期一"这样的前车之鉴（分别是皇家邮政控股公司和普华永道分拆咨询公司的新名字，都未能存续下来）。很少有人意识到，一个清晰的命名摘要说明有助于避免许多命名缺陷。没错儿，创造伟大品牌的过程仍然需要技巧和创造力，但是，只要过程清晰、辅之以一套严格的评价标准，成功的概率就会大大地提高。

## 命名需要了解语言和文化

品牌命名往往比人们意识到的要困难得多的第四个也是最后一个原因，是因为开发品牌名称是一个创造性的过程，通常都是在宽泛的文化背景下进行的。

与寻觅可在全球使用的名称的大企业比起来，做国内贸易的小企业要轻松得多。品牌名称不仅必须能够注册，而且还需要在多元文化背景中有效地发挥作用。一个好的品牌名称不一定必须在世界任何地区都能得到充分理解（它仍然可以作为一个有效的标识符），但它若能规避任何负面的文化或语言内涵则最为理想。在这方面的反面教材比比皆是，最出名的例子之一，或许就是通用汽车公司推出来的诺瓦（Nova）车。原来在西班牙语中，"no va"的意思是"不走"，一个汽车不走还是汽车吗？这非常不利于该车在西班牙语国家的销售，特别是在南美洲。反之，福特蒙迪欧车的名字起得就要好得多，蒙迪欧源自拉丁语，是"世界"的意思。对福特第一款真正的全球汽车来讲，名称的内涵和车型无疑非常般配。

全球名称不仅需要有好的翻译，而且还需要对音译保持敏感。在一种文化中听起来很好的名称，在另外一种文化中听起来可能会异常粗俗。品牌需要认真考虑名称如何能被不同的文化所接受。在挪威，诺拉饼干是一种很好的薄脆饼干的品牌名称，但在英国却不是这样。劳斯莱斯认为"银雾"会唤起英国客户的美好联想，但对德国客户来说，"Mist"却是一个骂人的词！在中东或亚洲等地，西方品牌的名称往往会有两个版本，而在中国，它们的名称往往与品牌所有者想要的完全不同。当然，品牌名称最终将和品牌标识相依相伴（在识字率较低的地区尤为重要），通过创建一套清晰的标识符，以便消费者能清晰地分辨出你的品牌。

这让基于姓氏或一组首字母所起的品牌名称具有了明显的优势。说来也许不足为奇，世界上最成功的品牌中许多名称都是个人姓名或首字母缩写。IBM、通用电气、麦当劳、宝马、迪斯尼、路易威登、本田、思爱普、海恩斯莫里斯（H&M）、飒拉、美国联合包裹快递公司（UPS）、摩根大通等，这些品牌都进入了国际品牌集团在2017年颁布的最佳全球品牌排行榜的前30名。任何开始创建全球品牌名称的公司，都需要努力确保名称开发负责人要么是优秀的语言学家，要么是坐拥相关人脉的人，以便凭借这些人脉对拟议中的名称相关性和适用性提出意见和建议。

## 过程明晰的好处

品牌命名过程不可能简单易行、一步到位，最好的命名过程都是从理解开始的。从业人员需要将法律、战略、创意和商业技巧整合到一起，花时间整理出一长串名称供查重使用，同时要学会接受在这个过程中对自己颇为喜欢的名字忍痛割爱。要根据既定的策略来——核对偏爱的名字，并清楚一点：你精心选择的名称也不太可能完全没有问题。一切皆有风险，需要放长远地考虑。

## 本章小结

创建一个品牌名称说容易也容易，说难也很难。一些小贸易商或国内企业家对这一过程想得简单，反倒会在运营一段时间后对商标注册忧心忡忡。对于大多数企业特别是跨国公司来说，需要慎重对待名称的开发过程。要弄清楚是否需要一个新的名称，这一点很重要。如果的确有这样的需求，那么就要搞清楚这个新名称应当出现在哪里，如何去使用。一旦业内人士明白了这一点，他们就能辨别出他们认为最有用的名称类别，并写出一个清晰的命名说明。然后，需要对命名过程进行认真管理，并审视备选名称的合法性以及文化和语言的适宜性——把这些做好了，再去花时间创建有意思、可保护的名称。

小心驶得万年船。名字的内涵远比外表要丰富得多。

---

延伸阅读

2017 年最佳全球品牌：http://interbrand.com/best-brands/best-global-brands/2017/ranking.

# 错觉 18

## 品牌只能是消费品

无论你销售的是什么，品牌是品牌名称在消费者、员工和其他人心目中所代表的东西。

## 只有包装好的商品才是品牌？

1996 年，国际品牌集团出版了一本书，名为《世界上最伟大的品牌》，书中介绍了众多如雷贯耳的国际大品牌。在百强名单中，麦当劳高居榜首。现在看来是很出彩儿的事，在当时却引起了不小的争议。争议的焦点不仅仅在于这个世界上的麦当劳是否真的比可口可乐还要大牌，因为对许多人而言，可口可乐是全球品牌的显赫象征，比麦当劳的历史悠久不说，分销网络也更多。这场争论的另外一个原因是，有些人认为麦当劳压根儿就不是一个品牌。一些市场研究人员曾经跟我们讲，麦当劳其实不可能算是品牌，因为它不是产品。实际上，这种说法在当时听起来并不像现在听起来那么傻。那个时候，市场营销界和商圈对品牌的普遍认知是，品牌就是包装好的商品。

除非你真的走进一家商店，清清楚楚、实实在在地对并排放在货架上、价格相同或相似的两种同类品牌产品进行挑选，否则，你就不可能对品牌做出选择。或许你可能会根据品牌名称的其他属性来做出选择——比如你想买一种特殊的汉堡包，而且在附近一家店里有售，可以打包带走，方便得很；或者可以买回去全家吃，物美价廉。可是，人们并不把这些看作是品牌驱动要素。它们是消费者选择的驱动要素，而不是品牌差异化的驱动要素。任何未经设计、制造或生产的东西都是一样的。银行、航空公司、超市这些都属于公司，麦当劳也是公司。公司有公司标识，而产品有品牌标识。

1996 年，国际品牌集团排名的十大全球品牌是：

1. 麦当劳

2. 可口可乐

3. 迪斯尼

4. 柯达

5. 索尼

6. 吉列

7. 梅赛德斯—奔驰

8. 李维斯

9. 微软

10. 万宝路

我们把它们和 10 年后的 2016 年榜单做个比较：

1. 苹果（1996 年第 18 位）

2. 谷歌（1996 年不存在）

3. 可口可乐（展示了高水准管理的品牌的持久实力）

4. 微软（20 年内上升 5 位）

5. 丰田（从第 31 名跃居至此）

6. IBM（1996 年第 11 位）

7. 三星（1996 年与哥顿金酒同时名列第 96 位）

8. 亚马逊（1996 年刚开业）

9. 梅赛德斯—奔驰（20 年间只下降了两位）

10. 通用电气（1996 年没能跻身排行榜，因其拥有的独立品牌众多，国际品牌集团的员工不知道该如何划分企业品牌的价值）

此外在法律上，多年来似乎也存在类似的歧视：商标只用在产品和货物上。像麦当劳这样的零售名称，在美国只配拥有"服务标志"的地位。即便是这样，也是在商标首先被法律恩宠了很久之后才得以实现的。

一些零售商还把他们的"公司名称"和品牌产品进行了区分，创建了独立的品牌名称并用在自己采购的产品上。例如，马莎百货就创建了"圣米高"品牌，用在该店专售的一系列商品（从食品到服装）上，以便部分地解决消费者对"商品"的认知问题，毕竟商品和店内服务大相径庭；或者他们干脆把直接采购来的商品贴上自己的名字，算作"自己的标签"。这意味着商品分成了两种：品牌所有者生产的"品牌"产品和零售商供应的"非品牌"商品。

这些贴着"自己标签"的产品通常比较便宜，而且在消费者看来质量明显差。其实，它们往往是从品牌所有者拥有或为他们供货的同一家工厂生产或采购的。据 2017 年《太阳报》报道，维他麦品牌的早餐麦片实际上与零售商自己标识的小麦饼干在超市中同场竞争，而这些饼干恰恰也是由维他麦公司生产的。报道还透露，其他家用品牌，如麦维他、穆勒、百达和皇冠等，也为超市生产非品牌商品。

这些制造商的品牌所有者之所以能够做到这一点，是因为他们日益高效的生产线的产能经常闲置。

## 超市自有品牌之战

到了 20 世纪 90 年代中期，品牌与零售商自有标签之间的大战爆发了。零售品牌的力量突然为人们所目睹和了解。

这场大战始于英国（战火也燃到了其他地方）。当时，特易购和英佰瑞等零售商，开始在自有标签包装上精细模仿快速消费品领先品牌的设计和图形。英佰瑞开始生产名为"黄金"的优质咖啡，还贴上了自己的标签，金黄包装，标签上带有咖啡豆图片。所有这些，看起来都与雀巢公司的优质黄金速溶咖啡非常相似，连咖啡罐的形状也很像。当然，最大的区别还在于价格。零售商销售的足以乱真的产品，价格上比正品要低很多，于是乎，品牌所有者和零售商之间狗血喷头的口水仗在所难免，而当维珍进军可乐市场时，由科蒂（Coty）集团生产的产品装在了红色的饮料罐里，上面印有白色字样的"维珍可乐"，这就使局面越发复杂。可口可乐跳出来表示抗议，品牌与自有品牌之间的白热化对决态势愈演愈烈。雀巢处于为难的状况，因为它需要零售商来库存和销售自己的产品，不愿与零售商完全撕破脸；而零售商既指望雀巢这样的品牌来扩大自己的销售额，又需要向这些品牌所设定的标准看齐，进而开发自己的标签。最终，争战双方还是达成了和解，雀巢为自己的产品生产出了更加独特的包装。例如，玻璃瓶的形状改成了独家设计，因此更受法律保护。英佰瑞和其他零售商既无力投资于高端定制的包装，也不愿把这场和重要供货商的角逐再进行下去，他们应允全面尊重品牌所有者的知识产权。

这场纷争留下了两个遗产：一个是英国品牌集团。该集团成立的初衷，是为了推动立法以防止冒牌仿制，因为创建者对零售商的这类行为就是这么看的。如今，该集团旨在唤起人们对品牌的重要性及其为英国经济所做出的贡献的更广泛认同；另一个是真正注重创新和双方的差异化。这种做法一直持续到今天，以便把给消费者提供的相对价值分辨和区分开来。

这场品牌与自有品牌之争所凸显的是，人们对品牌实际上是谁或是什么的认知发生了改变。虽然消费者仍然把品牌当作产品来消费，但在他们心中，如今的品牌显然与一套值得信赖的价值观有关，而这些价值观是可以从一个领域迁移到另外一个领域去的。在英佰瑞的例子中，其杂货零售商品牌的信誉，使其能够销售自己品牌的食品杂货；对维珍来说，可以发挥其娱乐价值，通过唱片商店和航空公司所结交的大人物的影响力，来进行软饮类产品的销售——尽管无可否认的是收效有限。

事实上，英佰瑞、特易购等甚至走得更远。它们意识到，自己的品牌所代表的，不是被称为"超级营销"的特定类型的企业，而是抽象的、备受消费者赏识的便利、价格竞争力、质量和服务的价值，这赋予了它们挑战由脆弱的现有品牌所有者所占据的其他市场的权力。特易购进入了金融服务业；特易购和英佰瑞等开始在其规模最大的大型超市的前院空场上销售自有品牌的汽油，后来演变成专门的加油站，附带设有自己品牌的迷你店，比如特易购便捷店。

因此，到了 20 世纪 90 年代中期，人们对品牌和品牌化的理解发生了重大转变。我们的研究员朋友们很快就不得不对自己的观点——麦当劳不是品牌——做出重新评估。

## 什么都可能成为品牌

到现在为止，把自己看成是品牌，按照传统的快速消费品品牌所有者的思维模式和行规去运营的，不单单是零售商，各行各业都开始对品牌热衷起来。

银行开始重新定义自己，重塑自己的品牌。它们不再以产品或市场为导向，创建了具有独特名称的分支机构或新的金融服务部门，对"公司"品牌给予了更多的关注，并努力把所有的一切都简化成单一的承诺或主张。巴克莱银行重新设计了其著名的老鹰标识，升级并更新了分支银行，更换了现有账户名称，并以全球品牌形象重新推出了部分子公司的业务。汇丰银行也是如法炮制，只是规模更大。还记得米特兰这个银行品牌吗？它自称"倾听银行"，其广告片中的银行标志鹰鸶，就是由著名演员理查德·布赖尔斯配音的。不过，这一切都已成过眼云烟，如今它已为汇丰银行所收购。直到今天，你会在机场等地看到汇丰银行的高调广告，与情感及目标价值观紧紧地联系在一起（就像任何经年的传统消费品牌一样），并将自身定位为全球本土银行。

同样，航空公司也对其所有子公司进行了大刀阔斧的改革。英国航空把所有能标识的都用新"标牌"进行了标识，并重新设计了英航标志。1997 年，英航把自己重新定位为"世界公民"而不是国内航空公司的时候，遇到了一些品牌"颠簸"。为了充分体现这种定位，英航大胆地在机尾上涂装了一套多元文化的艺术图案，以此来反映不同的航线目的地，一时间众说纷纭。为人们所熟知的一件事儿是，当时的英国首相撒切尔夫人在一架印有这样图案的小飞机模型上盖上了一块手帕。最终，英航采用了以英国米字旗为基础的单一机尾图案设计，事态才渐渐平息下来。在过去的 20 年中，英航全球品牌始终如一，没有发生改变。

技术和电信公司也正在品牌化。1984 年，苹果在超级碗橄榄球赛事上发布了其标志性的广告，这预示着人们眼中的消费品牌将发生天翻地覆的变化。在此之前，计算机在很大程度上讲还是大企业、政府或教育机构的专利。1977 年，数字设备公司（DEC，美国最大的计算机公司之一）的首席执行官信心满满地断言，任何人都不需要拥有家用计算机；同年，史蒂夫·乔布斯自信地预测，他的公司将帮助全世界每个家庭安装一台电脑。一旦计算机硬件和软件的成本开始下降，设计和用户界面变得更加人性化，人们转瞬之间就能买得起个人电脑，而且还出现了市场刚需。一个方兴未艾的消费市场应运而生。就像任何消费驱动的市场一样，在这个市场上也会存在竞争——哪里有竞争，哪里就有品牌在争夺消费者。

众所周知，史蒂夫·乔布斯的天才之处，不在于他意识到计算机的目的，而在于认识到计算机的用途。1983 年，在加利福尼亚州的一个小房间里发表演讲的他，谈到了未来人们可以在移动中使用微型电脑来听音乐、看电视、和其他人交流。他把计算机视为解放、教育和娱乐公众的一种手段。他认为，设计驱动的思维——图形、产品、软件和服务设计——都发端于人类终端用户最为欣赏的体验，而这正是苹果品牌 DNA 的重要组成部分。通过持之以恒地恪守设计主导、消费者主导、品牌主导的原则，乔布斯突出重点，创造出了一系列创新产品和服务。这些产品和服务不仅改变了消费者的行为，而且也改变了消费者所指的"品牌"的含义。

公用事业和电信公司的品牌意识也同样日渐增强。在经历了数十年以国有控股为主的垄断之后，放松管制、私有化、自由和开放的市场贸易浪潮，将电力、天然气、水和电信等行业转变成了具有竞争力的行业。私有化后的公司纷纷改名，以摆脱原来的国有形象。随着自身发展和不断壮大，诸如奥朗捷、伊侬、章鱼和宝捷等闪亮新品牌纷纷涌入这些市场。维珍虽然不再推销可乐，但却为消费者带来了宽带、家庭和移动电话服务。消费者之所以选择品牌，不仅仅是就具有可比性的便利服务和价格收费做出选择，而是根据他们自己对竞争品牌的"看法和感受"来进行选择。

消费者甚至可以套拥品牌，就像内置英特尔和纽特阿斯巴甜所展示的一样。

## 没有消费者的地方也可以建立品牌

B2B 品牌也在发展中。20 世纪 90 年代初，路易斯·格斯特纳接管了 IBM。他很快就发现 IBM 过于多元化，业务部门没有创造出足够多的价值，而从 IBM 所代表的愿景角度来看，有些业务部门没有战略意义。他用来精简全球业务的工具之一是品牌估值，品牌估值帮助他识别出 IBM 帝国的哪部分具有品牌附加值，哪部分没有。当然，这背后是他对 IBM 的理解——这个品牌代表了什么。长期以来，IBM 的宗旨一直是开发造福人类的信息技术。在为智慧地球寻觅睿智思想的过程中，IBM 不断地推陈出新。托马斯·沃森（1874-1956）是其传奇般的创始人兼董事长。早在 1915 年，他就制定了这一企业目标。虽然他对未来的 IBM 的业务类型可能分辨不清，但 IBM 所代表的是什么，他肯定心知肚明。

B2B 品牌比比皆是。无论是穿行在机场或火车站，还是翻阅杂志或报纸，你都会看到思爱普或埃森哲这样的公司的广告。普通消费者永远也不会委托埃森哲为他们的公司实施 IT 战略，那么，为什么这些公司还要如此公开地大做广告呢？这就是品牌化建设。他们是想把自己公司的实力、可靠性和规模，不断地灌输给客户、首席执行官、首席财务官和首席技术官们。

即使在不盈利的行业里，品牌也变得举足轻重起来。慈善机构开始意识到，它们所处的市场竞争激烈——事实上，人类良知的市场，才是最具竞争力的市场之一。它们必须全力唤起公众的慈善意识和情感投入，以确保人们愿意掏钱给它们去做善事。牛津赈灾会在全球范围内进行了一次重大的品牌重塑之举，其在不同国家（往往有不同名称和徽标）的所有附属机构和附属组织，都统一使用牛津赈灾会这一规范名称和一个极其独特的新标志,世界各地都可以将其视为一种容易辨识的符号,即使在看不懂牛津赈灾会这几个罗马字母的地方也是如此。

世界自然基金会同样高度重视全球品牌,还组织了颇具想象力的一年一度的全球活动,即"地球一小时",鼓励世界各地的人们届时关灯一个小时,用戏剧化手段凸显人类对能源的巨大消耗,以及由此给地球资源所造成的重压。

国际足球联合会等体育联合会也对相应赛事进行了重新更名。"世界杯"成了"国际足联世界杯",而国际足联世界杯的大力神奖杯(世界上最受认可的奖项之一)的复制品,每隔四年都会成为万众瞩目的标识。随着地面电视和卫星电视之间的竞争演变成为一场数字之战,美国有线电视新闻网、天空电视台和英国广播公司等传媒公司也纷纷将注意力转向了自己品牌的建树。

## 数字品牌根本不生产任何东西

数字世界所催生出的品牌不生产任何东西,甚至连自己的节目都没有。脸书和优图视频基本上(充其量)是做策划,但主要业务是托管像你我这样的人所制作的内容或感兴趣的内容源。不过,这些都算是品牌。

所有这些品牌,无论属于哪个类别,除了运营的主要功能或商标的法律要求之外,它们还需要张扬自己品牌的个性,涵养品牌的身份感。品牌个性——无论是像 IBM 那样不苟言笑和令人放心,还是像脸书那样魅惑迷人和趣味无限——这都是品牌喜好度的关键。

当品牌个性成为品牌感知价值核心的时候,个性成为品牌就只是一个时间问题。

# 人作为品牌的崛起

长久以来，人们就利用名人来赋予品牌以特殊的魅力或可靠度。最终死于肺癌的美国电影演员约翰·韦恩曾多年为切斯特菲尔德香烟代言；保罗·纽曼开发了自己的沙拉酱品牌。从乔治·贝斯特到 O.J. 辛普森的流行歌星和体育明星，都有自己代言的系列产品。

1993 年，美国流行歌星普林斯使用品牌化手法，做了一个戏剧性的、专业的公开声明。他放弃了"普林斯"这个名字，转而采用了一种不含字母的图形♀，即"爱情符号"。他的这一改弦更张之举，是对其与遐迩闻名的华纳兄弟公司的长期合同纠纷的回应，同时也是他欲意打破自己在商业化和创造性上受到严重制约的举措。颇具个性的普林斯赫然把"奴隶"这个词写在自己的脸上，通过对"普林斯"这个"品牌"说不，他不仅摆脱了形影相吊的束缚，而且也挣脱了合同和商业上的羁绊。他与华纳兄弟公司的合约是"普林斯"的，而♀没有和任何人签约。

这是现代商业营销人员对现代商业营销工具的一次巧妙运用。

不过，所有这一切都只是为个性作为品牌这一现象实现重大突破做了一次热身而已。

1996 年，就是国际品牌集团宣称麦当劳不仅是一个品牌，而且是世界上最伟大的品牌的那一年，一个独树一帜的未来全球品牌首先引起了公众的注意。

在温布尔登（Wimbledon）和曼联两队之间进行的一场英超足球比赛中，一个名不见经传的曼联中场队员，在自己半场内打进了一粒非同凡响的进球。他的球风和球技令人叹为观止，被电视摄像机捕捉到的这脚怒射，在世界各地的荧屏上无数次地滚动播放出来。这正是贝克汉姆品牌诞生的那一刻。

大卫·贝克汉姆在他的自传《我的天地》中写道："我当时不可能知道，但那一刻却是一切的开端：世人瞩目、媒体报道、鼎盛声名接踵而至。""当我的脚踢到那个球时，它便洞开了我往后余生的大门。"

## 贝克汉姆品牌现象

大卫·贝克汉姆在场内、场外都取得了惊人的成功。根据一项结合薪酬净值、代言、资产以及外部商业利益的综合指标显示，他一度在全球 50 名最富有的球员中独占鳌头。紧随其后的是梅西、C 罗和伊布。据进球网（Goal.com）统计，那些最富有的球员的财富，总计超过了 17 亿英镑，比利比里亚的国内生产总值还要高。进球网估计，贝克汉姆如今的净资产达到了 4 亿美元。

贝克汉姆已然成为 21 世纪一种新型品牌的代名词——一个真正的个性品牌，因为其所作所为和身份，他可以在世界上的任何地方向任何人销售不同类型的产品。单一产品品牌靠的是制造出来的吸引力，用毫无情感的喧嚣向全球的同一拨目标受众进行宣传，因此，根本没法和贝克汉姆相提并论。

《像贝克汉姆那样做品牌》一书，展示了贝克汉姆品牌是如何通过有效遵循国际大牌的最佳实践和原则而发展起来的：清晰的价值观和形象、恰当的商标保护、长期规划、深思熟虑的沟通与展业。阿迪达斯和其他品牌会选择大腕为它们的产品代言，因为它们与品牌价值观和消费者期望的自我形象相吻合。贝克汉姆一家——不仅涉及贝克汉姆，还会涉及他的妻子维多利亚，甚至可能还涉及他们的孩子——的做法，却是反其道而行之。他们首先非常清楚自己想要去代表什么，然后才是去选择能反映自己价值观和形象的商业伙伴。

这个品牌之所以如此成功，是有一些具体原因的：

- **贝克汉姆对足球的奉献**

足球是世界上最大的运动项目，而且坚挺无比，没有任何衰退的迹象。从西雅图到上海，电视上、网络中、手机里、体育场上、酒吧里、报纸上、商店内和博彩店中，人们无处不在狂热地消费着足球。假如贝克汉姆是一名篮球运动员，即便他拥有类似的天赋和魅力，恐怕也不太可能在世界上如此走红。

贝克汉姆坚持不懈地致力于奉献最高水准的球技令人们痴迷。在为曼联出场 21 年后，他穿上了巴黎圣日耳曼队的战靴，参加了欧洲冠军杯的比赛。他曾经在欧洲五大联赛的四大联赛中为顶级球队效力，堪称独一无二，前无古人。每一家俱乐部都可以说是最大的俱乐部，而他赢得了每一家高级俱乐部的赞誉。这份成就清单甚至还不包括他帮助提升了足球这项运动在美国的知名度。

荣登富豪榜榜首的时候贝克汉姆已经 37 岁，却依旧是最高水平的球员，这份对足球运动的执着和持久的运动生命是无法造假的。人们对此高度认可，而绝大多数人则是钦佩有加。最好的品牌都建立在过硬的产品质量的基础之上，而贝克汉姆对足球的热爱就是如此。他的决定——早在 2007 年，他在加盟洛杉矶银河队时，就颇有远见地在合同中写进了这一条款——在迈阿密组建一支美国职业足球大联盟球队的决定，使得他的足球之爱延绵不绝。

- **贝克汉姆的人格魅力超越了足球**

贝克汉姆的大名也许是世界上唯一一个可以自诩为家喻户晓的足球运动员，即使对足球不感兴趣的家庭也是如此。他的颜值很高，对设计有着天生的敏感。在这个媒体消费比以往任何时候都更加视觉化，公众痴迷于时尚、魅力和名人的时代，这让他令人难以置信地上镜。

与此同时，对于一个如此声名远扬的大腕来说，贝克汉姆却一反常态地谦卑，那么地接地气——他说起话来心平气和，尊重他人，喜欢简单的快乐，比方说喜欢吃"馅饼土豆泥"（他的出生地东伦敦的当地家常菜），而且他从未忘记自己从哪里来，从未失去过归属感。这一点，对于那些崇拜真实而不傲慢的英雄的人来说非常重要。

在足球之外，贝克汉姆的品牌因他妻子的职业生涯而得到提升。别忘了，这个品牌是由贝克汉姆和维多利亚两个人构成的。已经是辣妹组合（另一个品牌）中流行歌星的维多利亚，在时装界成功地开辟出了自己的第二职业。他们夫妇二人联手推出了互补的"他与她"香水等产品。这些举措令贝克汉姆的名字几乎无处不在，也让这一品牌在消费者心中牢牢地占据了一席之地。

贝克汉姆品牌已经远远超越了贝克汉姆的足球生涯，这对任何想要拓展品牌影响力的品牌经理来说都是一个很好的范例。几乎所有可以想象到的人群（无论是用年龄、种族、社会经济还是性别来进行定义），都以这样或那样的方式在"消费"着贝克汉姆品牌——似乎人见人爱的贝克汉姆。

- **贝克汉姆和维多利亚管理业务的专业性**

大卫·贝克汉姆和维多利亚·贝克汉姆对他们的名字和形象拥有一系列复杂的合法权利，这些权利是商标、版权、肖像权等知识产权，受到妥善的保护，可以进行商业化利用，通过公司——就他们而言是一系列公司——出于不同的目的而加以管理的。大型国际公司（阿迪达斯、阿玛尼等）希望利用他们的形象，为服装和食品增补剂等五花八门的行业提供代言、赞助和授权等。这是一个高度复杂的法律状况。不同的法律权利适用于不同的国家，因此，需要进行专业管理。

还有就是贝克汉姆一家直接创造、拥有和管理的产品、服务和其他项目，比如维多利亚的时装系列和贝克汉姆的香水系列。

贝克汉姆夫妇与众不同之处在于，他们非常精明，善于听取好的建议以保护和开发他们的品牌业务。在他们的身边聚集了一个强大的团队；这些人谙熟与肖像权、商业风险和国际品牌建设有关的复杂的商业和法律问题，从而使他们的交易既有利可图，又会适当地保护贝克汉姆一家的形象。

在贝克汉姆夫妇的名誉和消费者的权益都受到保护的情况下，避免了人们未经许可便出售带有贝克汉姆名字或形象的产品。

这里举一个例子来说明贝克汉姆夫妇的精明。他们指定 19 娱乐公司作为合作伙伴，来开发核心产品足球和流行音乐之外的贝克汉姆品牌。19 娱乐公司的创始人西蒙·富勒从维多利亚在辣妹组合蹿红时就和她熟识，无论是人品还是专业水准，西蒙·富勒都能赢得贝克汉姆夫妇的信任。

妥善应对我们前面提到的那些问题（肖像权和他们参与的大量活动），加之贝克汉姆夫妇全天候生活在媒体的众目睽睽之下，需要一般足球经纪人根本不可能具备的技巧和经验。世人对贝克汉姆现象非常着迷，全球媒体也从未错过眼珠地盯着。如果没有经验丰富的老手伸出援手，贝克汉姆全家就不可能应付得了这种超高的关注。还有一点人们很容易忽视：贝克汉姆夫妇有四个孩子，也有朋友和其他家人。在他们所处的高度曝光的世界里，维持某种表面上的正常生活，也需要专业人士的帮助。

为做到这些，身边就需要一个好的团队来进行打理。这意味着有能力辨别、任命一个好的团队并善于倾听他们的忠告。聪明的人所做的最聪明的事，就是知道如何采纳聪明的建议。

● **贝克汉姆对"做正确的事情"的理解**

贝克汉姆多次展示出了做出前瞻性抉择的能力，而正是这些选择讲述了一个一以贯之又始终引人入胜的故事，从而激发了人们的想象力。这个故事的关键部分，是他以及他的妻子想要回馈这个世界的愿望。他不仅向慈善机构捐款，甚至还创建了基金会。他已经成为他所关心的事业和事务的大使，这与人们对他的看法不谋而合。

对贝克汉姆而言，体育和儿童极端重要。所以，他不仅参与了伦敦申办奥运会的工作，而且在开幕式上还发挥了突出的作用。在加盟巴黎圣日耳曼队时，他意识到了法国和整个欧元区所面临的严重经济困难，于是便毅然放弃了自己因肖像权而获得的全部收入，并将自己估计的 350 万欧元的薪水捐助了慈善事业。在是年的五个月时间里，自打在曼联队起步以来，他第一次没有从踢球中赚到一分钱。这一了不起的举动，赢得了人们的喝彩。愤世嫉俗的人们动辄对公众人物的动机不屑一顾，特别习惯于把玩营销的手段和公关的心机，然而，人们都认为贝克汉姆是个正经人，不会一把一搂，而会想着有所回报。

在这里给大家讲一件事，借此来说明这一点。最近，我（安迪）在英国电视台做嘉宾，等着上节目谈论贝克汉姆。像大多数嘉宾一样，我也不得不化妆，以防止演播室里的灯光在皮肤上反射出的眩光折射到镜头上。给我化妆的女士看上去有五十多岁，也许已经过了花甲之年。她问我要在节目上谈些什么，我说大卫·贝克汉姆。她说："哦，贝克汉姆我喜欢。他业务精湛，还做了不少好事。"她的话对贝克汉姆品牌如此受欢迎的原因做了一个很好的总结。

贝克汉姆所做的，是许多品牌梦寐以求的事情，也是上佳品牌的所为：信守承诺，适当地延长报盘，进行明智投资，与粉丝群互动，保持盈利。

正如我们在前面所说的，品牌的经济价值不仅体现在为自己创造的价值上，而且也体现在让经济在广泛的领域和范围里受益。我们来看一下品牌的贝克汉姆经济学（Beckonomics）：

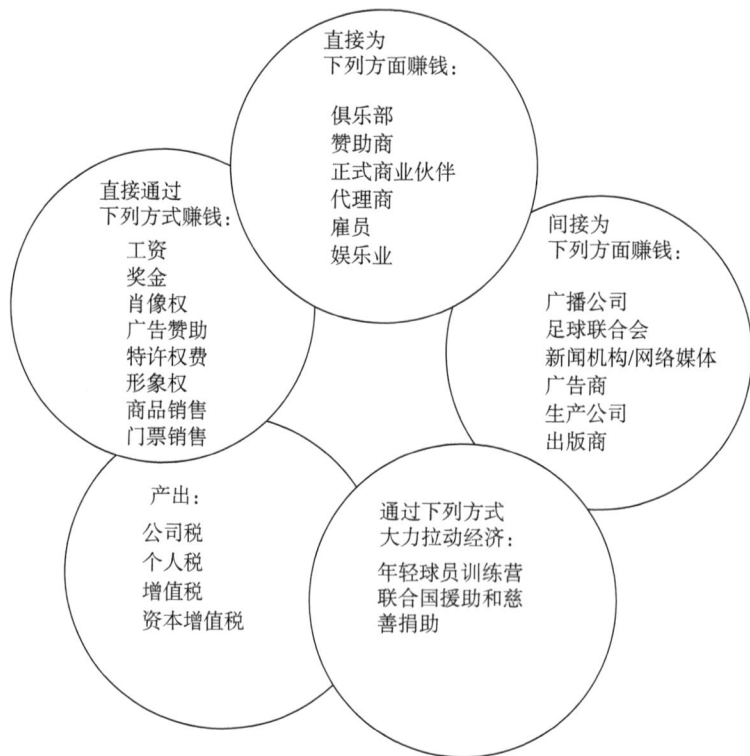

直接为
下列方面赚钱：

俱乐部
赞助商
正式商业伙伴
代理商
雇员
娱乐业

直接通过
下列方式赚钱：
工资
奖金
肖像权
广告赞助
特许权费
形象权
商品销售
门票销售

间接为
下列方面赚钱：

广播公司
足球联合会
新闻机构/网络媒体
广告商
生产公司
出版商

产出：
公司税
个人税
增值税
资本增值税

通过下列方式
大力拉动经济：
年轻球员训练营
联合国援助和慈
善捐助

**金球：贝克汉姆品牌如何创造价值**

许多品牌向贝克汉姆学习还可以，但实际操作起来却像马尾巴穿豆腐——提不起来。

贝克汉姆的经验告诉我们，成功品牌的基本标准有三个方面：

首先也是最根本的，它们都是商标，如果不是注册商标，就不可能成为一个有意义的品牌。宝马如此，贝克汉姆也如此。

其次需要有一个运转良好、不断壮大和竞争激烈的市场。

最后必须有持续交易的能力，保持品牌的关联性。

## 本章小结

最近，一位广告主管跟我们讲："在你们那里，品牌这个词儿的意思和别人的都不一样。在其他人看来，品牌就是指他们在货架上购买的产品。"

我们认为，品牌的意思对我们和其他人来讲别无二致。品牌是品牌名称在客户、员工及其他人的心目中所代表的东西。这些人对品牌的看法至关重要，无论你销售的是什么。

---

**延伸阅读**

安迪·米利根著《像贝克汉姆那样做品牌》，名创国际出版集团，2010。

# 错觉 19

## 做品牌盯着客户就够了

建树一个客户喜爱和推崇的品牌的最好方法得从赢得员工的心开始，内外兼修非常重要。

# 不仅仅只关乎外表

业内普遍存在一个误区，即品牌在很大程度上与企业外部发生的事情有关，而和企业内部发生的事情关系不大。这种认识是完全错误的。须知，品牌与企业内部的运作有千丝万缕的联系。

许多人错误地认为，品牌无外乎就是标识、包装或广告，结果总倾向于单凭外观来对品牌进行评判。对这些人来说，品牌就等同于企业的外衣。如果你想让企业得到好评（理论上是这样），那么，你最多只能是改变企业的形象，改善自身的行为。这种想法是对品牌含义彻头彻尾的误解。更为糟糕的是，它正在把一个潜在的强有力的竞争优势拒之门外。

大品牌在员工身上下的功夫往往和在客户身上下的功夫相差无几。它们这样做是有充足的理由的。研究一再表明，积极主动、全情投入的员工和丰硕的业务成果之间存在密切的联系。

## 为什么专注于内部事务是值得的

能够显示这种关联的最著名的模型是由哈佛商学院开发的，人们称之为"服务利润链"。该模型把盈利能力、客户忠诚度和生产力这三者有效地建立起了联系。利润链中的关联（他们视为与主张类似）方式如下：

利润和增长主要受到客户忠诚度的刺激。忠诚度是客户满意所产生的直接结果。在很大程度上，满意度受提供给客户的服务价值的影响，而价值是由满意的、忠诚的和高效的员工创造出来的。反过来讲，员工满意度主要来自高质量的支持服务和能调动他们更好地为客户服务的积极性的政策。

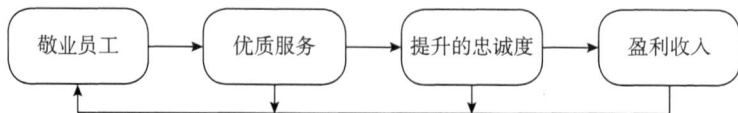

**敬业员工与改进成果之间的关系**

哈佛大学的学者们所能做到的，是把你认为非常有意义的东西加以量化。员工对工作场所的感觉会对他们的行为方式产生很大影响，而他们的行为方式又会对客户的感觉产生很大影响。如果你真的想让自己的净推荐值发生变化，那就开始认真对待你的员工吧。

建树一个客户喜爱和推崇的品牌的最好方法，得从赢得员工的心开始。内外兼修非常重要以独树一帜和高水准的客户服务而远近闻名的品牌，通常都是那些将员工视为品牌中关键一环的企业。我们来环顾一下那些最为成功的全球品牌，苹果、谷歌、可口可乐、脸书、国际商用机器公司、通用电气、迪斯尼、耐克和宜家（不胜枚举）等企业，莫不内外兼修，内外并举，这绝非巧合。

## 品牌的文化根基

最优秀的品牌往往不会去区分"品牌"和"文化"。在耐克和宜家这样的企业里，它们不相上下，不分彼此，这一点很重要。因为在许多组织中，不同的职能往往各行其是，各自为政。于是乎，品牌化成了营销部门的责任，人力资源团队只管文化事务，而客户服务团队则牵头负责提高净推荐值。在品牌主导的组织中，情形却大不相同。企业对自己要实现的目标有着清晰的认识，因此，品牌为整个企业所拥有。不同的职能部门不会去窝里斗，而是会联手协作，共同寻找在企业内外宣示品牌的方式。

# 品牌是你做生意的方式

在以品牌为主导的企业中，这种方式是自上而下的。像苹果和可口可乐这样的公司，都把它们的品牌看成企业战略的一张脸。它们没有把"硬件"和"软件"加以任意地分离——而是把软件和硬件之间的联系视为不可分割的一体。在这种类型的组织中，向投资者的介绍通常都从概述品牌或组织目标开始，然后过渡到演示该战略如何帮助企业实现该目标，接下来再表明员工和客户如何利用品牌去实施该战略。

除了对品牌意图进行清晰精准、毫不含糊的阐述外，这些公司倾向于用既严格又宽松的方式运作。它们对品牌的基本要素、精神和价值等都从严从紧，但在品牌的执行方式上则趋宽趋松。这往往与不甚开明的组织所采用的"宽严兼施"的方法形成对比。在这些反其道而行之的企业中，它们对自己所代表的东西失之于松，而在执行层面，对每一个细节都苛求得令人难以置信。这种类型的企业你绝对不会陌生：组织内没有人真正清楚其想要实现的目标是什么，但是，它们明白无误地知道，用错了标识是万恶之源！

我们都见到过这样的情形：声称是品牌主导的企业的管理层，甚至连自己公司的品牌价值都得努力回忆才能想得起来。还有一个极端的例子，一位高管甚至承认，他之所以记不起来自己品牌的价值，是因为价值太多了，哪儿能记住啊。如果跨国企业的高管不记得他们组织的价值观，或是因为它们毫无意义，或是因为太多记不住，那么，品牌价值会被贬低到什么程度不就可想而知了吗？

# 品牌有助于庇佑企业、吸引人才

在一个声誉难得却易失的时代，员工们必须十分清楚哪些类型的行为是不可接受的，这一点至关重要。员工需要了解品牌对他们有什么样的期望，也需要知道如果发现不合法、不道德或不适当的事情，他们该如何在企业内部把问题层层加以解决（不用担心报复）。一套清晰易懂的品牌价值可以帮助企业锚定致力追求的行为。

通常来讲，以品牌为主导的企业也会在高质量的招聘流程上不惜血本。它们舍得花时间让新员工尽快融入企业。重点不仅放在企业做什么上，而且还放在为什么这样做以及怎样去做上。一流的品牌不强求员工的整齐划一，而是致力于在同一个体系内注入自由的概念。到高盛银行谋职的人，在被录用之前，面试次数可能会多达六七次，这绝对不是什么巧合。还有，百特文治公司赋予现有的店员最后的发言权，让什么人加盟他们的团队由他们说了算，等等。品牌主导的企业都清楚，网罗并培训合适的人才是高绩效的关键。这些企业还努力确保员工的经验是一流的，并持之以恒地对员工进行培训和支持，让员工能够成为最好的自己。

## 品牌如何赢得人心

赢得人心的关键在于：

- **为品牌树立一个明确的、激励人的宗旨或目标**

这个宗旨和目标要清楚地阐明"为什么""什么"和"如何"。

品牌目标与企业社会责任不同，它是对客户和员工最看重的东西的真实表达。首相客栈的目标很简单："让客人感觉倍儿爽。"实施的路径是把旨在让客人"睡个好觉"的提议落实好。首相客栈的员工对他们正在努力实现的目标一清二楚。

- **开发一个以品牌为导向的员工体验项目**

要从整体上展示员工的价值，包括开发一些能反映品牌意图的内部标识，比如反馈方式、开发新技能的机会、欢迎新员工的仪式等。不过归根结底，员工体验是由管理层的水平来定义的。这与风格无关（因为风格会有很大的差异），而更多的有赖于意图、正直和支持。美国西南航空公司以其优质的客户服务而蜚声全球，但是就连西南航空也承认，客户并不总是对的。如果客户对一个勤勉工作的员工提出不诚实的投诉或有应受到谴责的行为，那么，西南航空可能会"解雇"该客户，以此来力挺这名员工。这有助于培养员工的忠诚度。

- **给予员工足够的自由和鼎力的支持**

品牌的打造离不开员工的贡献，品牌所有者必须给予员工足够的自由决定权，使他们能够始终如一地为了客户的最大利益而服务。维珍品牌素以客户服务质量而闻名于世。维珍如此优秀的表现，并不是因为它必须比其他品牌的培训要好，而是因为员工们都十分清楚维珍是站在客户一边的。他们时刻准备着、公司也鼓励他们为客服锦上添花，因为他们知道这是品牌对自己的厚望。这就是为什么维珍能够把一个困在火车厕所里没有手纸的乘客，变成一个社交媒体上的拥趸。

出色的客户服务离不开员工的付出。他们本能地知道如何应对突发状况，并且有勇气挺身而出，一显身手，因为他们明白自己身后站着品牌这一坚强的后盾。

# 让员工成为优秀的品牌大使

开明的品牌也会一心想着客户。它们明智地将员工视为公司的大使和与客户的重要联系点。员工的感受和企业的业绩之间存在直接联系。即使你不认同这个观点，那你也必须要看到员工作为大使的潜力所在。尽管地球人都知道口碑的重要性，但我们仍然会时不时惊讶地发现，许多大型公司在帮助员工成为自己品牌拥趸方面所花费的时间简直少得可怜。

尼桑的生产厂在英国做得很好。它不仅有明确的品牌目标、上进的员工队伍和坚持不懈的客户和社区参与计划，而且还有计划地允许员工（及其家人）以非常优惠的价格购买汽车。制造和拥有汽车的员工都成了最好的品牌大使，他们用辛苦挣来的钱证明了自己对这个品牌的信心。

# 学会标本兼治

企业内部出了问题的品牌通常很容易被发现，这就有点像你感觉不舒服的时候，出现的症状往往能让你顺藤摸瓜找到病根儿。你一定不知多少次地听到过这样的话："我真说不好公司到底想要干什么"或"我知道我们需要做出改变，只是不清楚该如何去改变"。企业高管们往往会抱怨说"员工根本没上道儿"，或者对"企业内部像一潭死水"表示忧虑。所有这些说法都暴露了企业员工参与的失败。其实，个中诸多问题是可以利用品牌的力量来加以解决的。

当涉及战略改变或品牌重新定位这样的问题时，最好眼光向内，先让员工感同身受，置身其中。假设连员工都不清楚公司为什么要改变方向，也不知道现在需要他们做些什么的话，那么，你所推出的新战略对客户的反应还能抱什么希望呢？就品牌化的手段和技术而言，公司内部受众和客户应当一视同仁，等量齐观。光凭 15 分钟的 PPT 演示就想赢得人心，难。

人们对员工参与计划往往众说纷纭，废话连篇。在许多企业里，似乎只要内部参与一开始，集体健忘症就会好转一样。对待员工应当像对待一个关系更加亲密的客户群。认为公司内部材料（如视频或演示文稿）最终不会上传到社交媒体共享的想法是幼稚的。倘若真遇到上传的话，那就想办法把它转化成你的一个优势吧。

要接受这个现实，恰似面对着潜在的客户群，你不可能把每个人都转化为你的客户一样。你永远也叫不醒装睡的人，就不要在他们身上浪费时间了。相反，把重点放在那些愿意改变的员工身上，让好钢用在刀刃上！对任何类型的变化，都首先要让员工知情，使他们理解改变，见证改变，最终相信改变。员工的参与是一场持久战。要使出十八般武艺，鼓励对话，不回避难题，接受员工参与需要一个过程的事实。

所有这些都不可或缺，非常重要，因为客户服务已然变得日趋复杂。积极进取、发展迅猛的品牌不再是井底之蛙。反映客户单一需求的管中窥豹式公司内部结构正在悄然生变，他们已经能够做到在世界任何地方的任何接入点上提供跨门类无缝客服。

为了解决一些特殊问题，快速反应团队应运而生，问题解决后便自动解散。这些团队都是网络化和分散型的。应对挑战的最好方法，是品牌内外两手抓，而且两手都要硬。树立一个宏大的目标，并用其来凝聚公司上下，戮力同心，把员工当成更加亲密的客户。要充分认识到员工作为品牌大使的潜力，努力做到有效参与并欢迎挑战。让员工分担客户的难题，并利用他们的专业知识帮助客户解决这些问题。

我们生活在一个完全品牌化的时代。纸是包不住火的。想要隐瞒或甩掉公司内部的"家丑"而不为外界所知是不可能的，因为品牌本身就是一堵透风的"墙"。我们知道，公司内部发生的事情会直接影响到企业的绩效。激励员工、增强主人翁责任感，是改善客户服务和提高客户满意度的最佳方式和必由之路。大品牌之所以舍得下功夫来培养员工，是因为这些公司懂得这是获得超凡业绩和优质服务的捷径。让员工了解公司对他们的期望，知道如何才能和公司一起成长并在这个过程中一马当先。硬核品牌的公司真正做到了这一点。

## 本章小结

在这个全面品牌化的时代，不应该再把员工和客户分出个彼此来。两者都有潜力成为品牌的热情拥护者，都对品牌的成功至关重要。内忧先解，外患即除！

---

**延伸阅读**

《哈佛商业评论》，服务利润链：https://hbr.org/2008/07/putting-the-service- profit-chain-to-work.

# 错觉 20

## 压根儿就没有品牌忠诚这回事儿

如今，尽管品牌忠诚度来之不易，但它仍然存在，而且依旧值得你为之付出。

# 为什么品牌希望你忠贞不二？

多少年来，营销人员一直沉湎于品牌忠诚度而不能自拔。他们渴望成百上千万的消费者购买他们的品牌，只买他们的品牌，总买他们的品牌。在 20 世纪 90 年代和 21 世纪初，出于对消费者忠诚品牌的渴求，市场营销人员几乎用宗教式的口吻来谈论他们所期望的消费者对品牌的膜拜。有的书从头至尾都在探讨这一现象，比如帕特里克·汉伦所著的《原始品牌：为你的品牌、公司和未来催生崇拜狂》。我们在本书中也探讨过有关"狂热"和近乎部落归属感的追求，这是一种品牌所有者所寻求的共享品牌的认同感。也有一些书就这方面做出过论述，比如布伦丹·理查森所著的《部落营销与部落品牌：共同创造过程专家指南》。

品牌忠诚度的经济学原理简单明了，难以抗拒。这就是为什么营销人员要众里千寻。与新客户比较而言，那些反复购买你的产品或服务的忠诚客户更有利可图，因为他们不再有任何与之相关的购买成本。此外，他们还会主动为你跑营销，搞推荐或做宣传，有时甚至还会拉着别人前来购买或试用你的品牌。贝恩公司（Bain and Company）在《哈佛商业评论》上发表的一项研究成果表明，通过将客户保持率（CRR）提高五个百分点，利润便可增加到 25% 至惊人的 95%。

不过近年来，人们对品牌忠诚度的概念以及它是否仍然存在产生了怀疑。有人认为，随着越来越多的部门和环节面临更加激烈的竞争，以及商品化所造成的价格走低，舒适性和便利性等因素变得愈加重要。那么，除了作为一个简单的标识来帮助你找到一个产品或一项服务之外，品牌到底还有多重要呢？

此外，一些品牌，如亚马逊、脸书、谷歌或优图视频等，实际上是处于垄断地位的。在这些类别的品牌中，它们任何一家的直接竞争对手是谁？哪些人会对之有品牌忠诚度呢？

## 分辨真正的忠诚度

有些品牌貌似有忠诚度，但仔细观察根本就不是什么忠诚度，而是一种贿赂的形式。品牌希望客户参与的忠诚计划和申领的俱乐部会员卡，措辞用的是"忠诚"二字，但其实运用的是奖励机制和原则。在本店购物，你将获得折扣或积分，今后可以用来在本店采购时使用。这能说是真正的忠诚吗？

其实这种忠诚背后是不折不扣的陷阱。银行、电信公司和汽车制造商的租赁协议，常常通过合同把你和它们捆绑在一起。要不就是让你很难做出改变，久而久之，惰性占了上风，尽管你动辄对它们的服务标准口诛笔伐，但终究还是懒得和它们分开。

从这些行业目前正在产生的客户流失量来看，随着政府监管机构越来越为消费者撑腰，并坚持让公司降低其对客户的绑定度，显而易见的是，人们对这些品牌的热爱已成往事。

然而，有充分的证据表明，品牌忠诚度仍然存在，而且这种忠诚度堪称货真价实，客户称得上是品牌真正的粉丝，在品牌的发展中发挥着不成比例的作用。

不过，品牌忠诚度实现起来难度很大，可能比以往任何时候都难，因为它需要举全公司之力来为消费者提供一致的品牌形象和体验。

# 使用净推荐值

品牌忠诚度存续的证据，可以在净推荐值的运用和结果中体现出来。能够帮助预测客户需求的安全级别、识别并调整需要修复的品牌体验元素的净推荐值，已然成为许多公司最喜欢的衡量标准。

净推荐值是一个非常简单的指标，采集起来也非常简单，这也是许多公司对它偏爱有加的原因。从本质上讲，它让客户在 1 到 10 或 1 到 5 之间对品牌整体或品牌特定体验的满意度进行量化打分。通过将打分高（比如 9 或 10）的人数相加，然后减去打分低（比如 6 分或以下）的人数，就得到了一个净分数，以此表明消费者一般准备如何为你推销或向他人推荐你。净推荐值直接反映客户对品牌的忠诚度。研究结果一再表明，只有那些在 10 分制中打出 9 或 10 分，或 5 分制中打出 4 或 5 分的人，才是真正的消费者或客户。他们对你非常满意，不会离你而去，可能还会从你那里购买更多的商品。任何打分低于这一指标的消费者或客户都难言忠诚，而且极有可能经不住诱惑，朝三暮四，见异思迁。

净推荐值的衡量指标变得如此普及，令人遗憾的是，它已经被滥用到了反生产力的地步了。你可能会像我们一样，对收到的雪片般的电子邮件或短信感到沮丧，它们对你与公司的每一次互动都进行满意度的评价，有些互动甚至是刚刚完成，要求评价的邮件便接踵而至。在我们看来，净推荐值的真正价值在于了解人们对品牌的整体评价，而不是在每一个接触点都锱铢必较。通过狂轰滥炸般不断拼命地向消费者发出"评价我的服务"请求，你就会有激怒他们的风险；或者更糟糕的是，你可能会得到一个郁郁寡欢的客户所做出的跑偏的评价。

然而，净推荐值可以很好地表明哪些品牌拥有忠实的客户。例如，就银行业而言，英国第一直营银行的净推荐值一直很高，这与其他证据（包括客户实际推荐该行的次数）相辅相成、相得益彰，表明了客户对这家银行的热爱与忠诚。据报道，第一直营银行的客户每 15 秒就向他人推荐一次该行。

## 看上你就忠诚你

意义品牌指数（MBI）是品牌忠诚度存在的另外一个证据。这是由国际媒体集团哈瓦斯每两年进行一次的调查。它要求全世界 30 余万消费者根据所使用的品牌对自身的重要性，来给品牌进行排名。该调查经常发现，消费者对他们所购买的 75% 左右的品牌没有真正的忠诚度，如果这些品牌因任何原因购买不到或不复存在，消费者会很高兴地去另寻新欢。不过，对消费者来说，的确有些品牌非常重要，这些品牌对他们有着如此的亲和力，甚至连价值观都分享或共享，以至于成了他们生活中不可或缺的一部分。这些品牌就是哈瓦斯所说的"有意义"的品牌。在新近的一次调查中，哈瓦斯发现这些有意义的品牌为其所有者带来了巨大的经济利益。它们在市场关键绩效指标（KPI）上表现出色，如钱包份额增长了 9 倍，拥有它们的企业也跑赢了股票市场指数，领先约 206%。哈瓦斯在其"有意义品牌"调查中经常得出的重要结论是：消费者具有很强的品牌亲和力和再购品牌的愿望，而这已经远远超出了提供简单的舒适性、便利性或其他类型的交易功能的做法。消费者希望与品牌进行持续互动，为自己和生活的世界做一些特别的事情。这些是有目标的品牌。苹果、乐高、哈雷－戴维森和巴塔哥尼亚就是这样的品牌。

虽说品牌忠诚度在精明的消费者中可能很难实现，但一旦拥有，它就会更加"黏人"。如今，品牌忠诚度也以不同以往的方式表现出来。

以前，消费者会通过公开佩戴品牌徽章和反复购买行为来展示他们的忠诚度，还有一些人会骄傲地佩戴品牌标识，包括哈雷－戴维森的拥有者，他们会欣然把哈雷－戴维森的标识纹到皮肤上。但更有意思的是，忠诚的客户也热盼参与到他们喜爱的品牌的开发、改进和交流中来。

## 我和你心连心

品牌是由忠诚客户与品牌所有者共同打造的，我们从乐高及其颇有影响力的"乐高成人朋友群"的案例中可以得到印证。该群体的始作俑者是 1997 年在互联网上组建乐高用户群的几名狂热乐高粉，他们都是激情四射的乐高品牌成人用户。后来，乐高将这些人称为"乐高成人朋友"，并开始利用电子邮件等基本渠道，深入了解这些消费者的见解和体验。他们发现，这些成年人中有许多是专业人士，他们可以就如何使乐高玩具尽可能与生活相关或贴近生活提出非常具体的建议。比方说，他们中有医生、救护人员、消防人员、飞行员，甚至还有建筑师。随着社交媒体的出现和数字技术的发展，用户群逐渐发展成为一个备受欢迎和富有创造力的群体，他们在产品开发和品牌推广方面的价值日益凸显。于是，乐高让他们出任乐高大使，并为他们制订了乐高大使计划。通过倾听他们的心声、密切与他们的合作，乐高了解到，其品牌不应在实体店面前踟蹰不前，而是可以引入数字设计，并且还可以在一系列建设性的播放媒体（包括电影）中施展拳脚。事实上，正是"乐高成人朋友"和乐高大使俱乐部帮助开发出了乐高电影的理念。这部价值 6000 万美元的两小时乐高品牌广告片，票房收入超过 4 亿美元，同时也刺激了新的系列产品的推出，进而增加了收入流。这部好评如潮并深受观众喜爱的电影，是一个粉丝幻想的终极例子——实际上这又何尝不是品牌经理的幻想呢？品牌忠诚度转化成为共同创造的产品、营销策略和活动，可以说想要不成功都难，因为创造它的人正是消费者本身。2014 年，乐高将乐高大使俱乐部重新发展成为一种新型的网络社区，大使们帮助推动了乐高的发展。2016 年，乐高售出 750 亿个零部件，销售额飙升至 53.8 亿美元。

## 千金难买的品牌吹鼓手

另一个通过客户的反复行为、购买和沟通而建立起来的品牌是普里马克。自 2008 年以来，这家快时尚零售商经历了指数级增长。在短短十几年的时间里，销售额从 16 亿英镑增长到了 71 亿英镑，门店如雨后春笋般遍布欧洲并进入美国市场。普里马克在广告上几乎没有什么投入就获得了品牌认可，它的增长是由消费者推动的。他们蜂拥而至，纷纷以"令人惊喜的价格"购买"令人惊喜的时尚"，同时还非常享受那繁忙的氛围和门店的体验。这些产品、门店以及客户线上线下令人难以置信的宣传和推介，都强有力地推动了普里马克业务量的增长。在普里马克购物已经成为一种社交仪式。与朋友见面，在网上谈论购物事宜，接着去逛实体店，然后再回到网上聊购物体验，几乎成为顾客生活中极其重要的公共体验。

就像我们在前面提到的星巴克和英国大都会银行一样，普里马克明白其实体店就是品牌的最佳广告。这些大型、开放、玻璃立面的建筑，都位于商业街和二级街道以及购物中心里，俨然就是活生生的品牌广告牌。独特而结实的棕色纸袋，能让顾客带着时尚用品满载而归。公共汽车、火车或地铁上，到处都能看到这些纸袋穿街而过，为普里马克提供了一个绝佳的广告空间。纸袋侧面印有"惊艳时尚，惊艳价格"的广告语，同时还清楚地标明袋子可回收利用。消费者还通过在社交媒体上的宣传，特别是通过一种"普里马克购物拉风"的仪式，树立起了普里马克品牌。消费者，尤其是十几岁的少女，去普里马克买来一整套时尚用品，然后回到自己的卧室，打开摄像机或智能手机摄像头，录下自己的视频，讲述自己买了什么、为什么买、花了多少钱，以及打算怎样、何时使用。这些普里马克购物拉风视频大行其道，深受欢迎。一位名叫佐拉（Zoella）的网红视频博主（vlogger）到 2014 年已经拥有了超过 100 万的粉丝。这 100 万普里马克目标市场上全情投入的粉丝，在分文不取地观看普里马克品牌的广告和宣传活动。由于消费者对这个品牌情有独钟，他们甚至都形成了自己的一套语言系统，来描述它如何走进了自己的生活。消费者喜欢把普里马克服装与其他通常比较昂贵的时尚品牌的服装混搭。他们把这种行为称为"普里玛尼"（Primani）——也就是说，将一件普里马克服装与一件阿玛尼服装混搭穿戴，还把这种穿法叫作"分层"。

普里马克并没有在电视上大做广告。实体店的扩张和消费者之间产生的琴瑟和鸣已经为他们做了该做的一切。一个城镇或城市普里马克店的开张纳客，总是伴随一股狂热的期待。当普里马克在巴黎开第一家店时，有成千上万的人熬夜排队等待着第二天一早登堂入室，首个营业日当天，顾客潮水般涌入，那场景就像你在摇滚音乐会上看到的一样。

通过核心产品、零售体验、对欧美城镇的关键门店进行大量投资，以及忠实的客户追随者及其线上线下的推荐习惯，普里马克成功打造了自己的品牌。同时，普里马克顽固地拒绝成为一个线上零售商。它曾尝试过网上购物，但快时尚零售企业的经济学在线上玩儿不转。线上是进行时尚秀的好地方。客户可以通过品趣志（Pinterest）、照片墙（Instagram）和优图视频等网站分享他们的照片和视频。问题是，没有足够高的利润来为昂贵的包装和发货过程正名。普里马克深知，在任何情况下，品牌给消费者带来的乐趣，都只能在前往实体店、逛实体店并在实体店中进行真切的购物体验中获得。

## 尽量贴近客户

普里马克和乐高的案例表明，忠诚是辛苦挣来的。允许并积极鼓励与目标客户建立密切关系、了解并相信他们乐见你成功，而且还可能通过奇思妙想来帮你一把，你就笃定能赢得他们的忠诚。

专业服务行业是一个严重依赖"客户亲密度"的行业。通过对建立个人关系的密切关注，可以建立起长期的品牌忠诚度。不过要记住的是，关键是要确保客户对专业服务品牌的忠诚度，而不是对代表专业服务公司的私人顾问、创意或销售人员的忠诚度。

《如何赢得朋友赚到钱》一书，提到了瑞姆集团（Rim Group）开展的专业服务研究（个人营销努力、销售专业服务）。这本书针对这个问题报告称：就创新收入而言，你的公司发现以下哪种营销策略最为有效？网站、新闻通讯、辅助材料、署名文章、演讲和研讨会仅占27%。到目前为止，占比最高的是"客户拜访"，达61%。想要财源广进，没有比花时间与客户面对面、就客户的需求和要求进行有意义的对话更好的方法了，特别是当你有与众不同的方法能帮到客户的时候。就像通常的情况一样，只要和他们在一起，就会有机会帮到他们。正如伍迪·艾伦所说的那样："只需露面到场，就已经成功了 80%。"客户忠诚度对专业服务很重要，就像消费者或顾客忠诚度对其他类型的企业一样。原因可能是多方面的，但最重要的原因也许是，向已经是你的品牌粉丝的客户销售新产品和服务，比向新客户销售来得更容易。当然，专业服务公司必须始终努力为品牌赢得新客户，但即使能有机会向这些目标客户介绍老客户是如何购买旧的和新的服务，那也是收获满满，因为这种老客户的率先垂范会令目标客户感到放心——像那样的客户都那么偏爱这个品牌，我们自己也不妨一试。

消费者或顾客（以服务为导向的）品牌，应向以客户为导向的优秀公司学习，效仿他们所展示出来的亲密和学识。对客户来讲，这些公司孜孜以求的是拉兄弟一把，而不是喋喋不休地兜售。而且，只有当它们充分了解自己的客户、明了如何伸出援手的时候，它们才能真正做到雪中送炭、锦上添花。此外，一流的公司会允许客户帮助共同创造并拥有最终的解决方案。正如有意为之的乐高和放手一搏的普里马克，都准许客户为它们的公司建功立业。

## 本章小结

正如天上不会掉馅饼一样，品牌的忠诚度也不会从天上掉下来。尽管品牌忠诚度来之不易，但它仍然存在，而且依旧值得你为之付出。

# /结　语/

品牌之所以令人痴迷，是因为它无处不在。虽然我们每天都被品牌包围着，但我们开始认识到品牌化和品牌管理的规律、品牌所能产生的经济价值以及我们作为消费者与它们之间互动的复杂方式，才只是近三十年左右的事情。因此，在品牌和品牌功能方面还存在着一些认知错觉不足为奇。我们希望本书对这些误区与神话的阐述能让你开卷受益。为方便阅读起见，现将前述品牌错觉及我们的主要反驳论点简要归纳如下：

错觉1：品牌不过是变相让你多掏钱

人们购买品牌并不单单是因为产品本身。购买超越产品特性的品牌会给消费者带来心理效益。准备为一个品牌支付什么样的价格，最终是由作为消费者的我们来决定的。我们经常会主动地、心甘情愿地与品牌公司沆瀣一气支付溢价，而不是受愚弄去支付超出我们需要的开销，就是因为我们购买的不仅仅是简单的产品或服务。

错觉2：对品牌的信任一旦失去就无法重拾

有证据表明，如果你的品牌足够强大，抑或你采取果断和恢复性行动的愿望足够强烈，那么在大多数情况下（在一定时间内），消费者对你的品牌产生的错误往往可以完全或至少部分得到信任恢复，但这并不意味着品牌可以躺在过往取得的成就上睡大觉。许多引起轩然大波的丑闻，对资产负债表不健全的弱势品牌所造成的影响，很有可能是致命的。信任战是一场艰难困苦的战斗，稍有不慎便会前功尽弃，而且信任的重塑往往代价高昂。不过，还是可以修复和重建的。

**错觉3:好品牌能让不良企业起死回生**

在今天的市场上，人们把品牌与它所服务的企业看成是藕断丝连、不可分割的一体。试图利用品牌形象和广告来蒙骗消费者，让其坠入购物陷阱的做法，是难以为继、不可持续的，而且极有可能会适得其反。但如果你是一家优秀的企业，便可以将自身的优势转移或嫁接给业绩不佳的企业和品牌，进而加速自己企业的发展，实现价值更大化。

**错觉4：技术是品牌影响力的克星**

品牌之所以强大，是因为它们有助于拉动需求，提升忠诚度；品牌之所以灵验，是因为它们与自我表达密切相关。技术并没有改变这一点。技术不是在挑战品牌的力量，而是在冲击着市场，转化着业务，并深刻改变着品牌化建设的实践。

**错觉5：品牌就是标识和广告那点事儿**

品牌是由塑造消费者感知和偏好的整个体验链所创造的。标识始终是基础，广告往往至关重要，但塑造品牌的要素并不仅限于此。杰夫·贝佐斯说过一句名言："品牌就是当你不在房间时，人们对你的评价。"人们对你的评价往往是你所说所做所为的结果。在销售渠道多元的世界中，人们渴求真实真切、引人入胜的体验，而不单纯是令人眼花缭乱的广告。对于现代品牌建树者来说，需要记住的是，你的一言一行对建立品牌都举足轻重。

**错觉6：品牌毫无财务价值**

品牌创造了财务价值和经济价值。它们是特殊的资产，可以为任何企业带来收益保障，并且可以由一个企业转售给另一个企业，为出售方变现。品牌之所以能创造经济价值，是因为品牌所有者可以对品牌加以利用：如何进行品牌投资；如何扩大品牌影响力；如何让品牌历久弥新；如何让品牌保持与消费者的关联性，全方位满足消费者的需求，等等。

错觉7：差异化已死，特殊性必胜

两者缺一不可。需要下功夫的是，专注打造真正与众不同之处，并不懈努力，一以贯之，辅之以坚定不移地保护品牌真正独树一帜的形象，才会取得斐然的成效。

错觉8：客户永远是对的

要想走出这个误区，说起来容易做起来难。首先，你得清楚对的客户是谁；其次，你必须知道他们对什么最为看重，并能把他们器重的东西呈现出来。如果你对的客户抱怨没有正确地对待他们，那么他们的微词就是对的。只有对的客户才总是对的。

错觉9：没个几十年建不成真正的国际品牌

如今，打造真正的全球品牌所花费的时间要少得多。还不到15年的功夫，特斯拉就成功地获得了全球品牌的地位。这一过程将来很有可能会进一步缩短。脸书、优步或爱彼迎空房出租网都证明，一个品牌可以在相对默默无闻的环境中悄然崛起，并在短短几年时间里成为独步全球的业内霸主。

错觉10：市场营销部拥有品牌

对于各类企业而言，未来的成功都将取决于以客户为中心的组织能力。他们要学会接受：声誉的赢得，靠的是奋斗打拼的努力，而不是玩世不恭的操纵；靠的是从指挥型、控制欲的工作方式向更加开放、更加灵活的工作方式的转变。人们要明白，虽然商标和知识产权可以由企业或个人合法拥有，但品牌的真正力量寓于客户的心中；代表客户所采取的任何一项行动都有可能是对价值和权益的附加。品牌需要由董事会所有，而不是市场部。

## 错觉11：品牌目标是挣钱至上

品牌目标应当是情怀与物质相统一，而不是简单的金钱！

真正的品牌目标是公司初衷的真实表达和体现，也是品牌或公司存在的首要原因，通常存在于对客户和员工来讲最为重要的那件事情之中。

## 错觉12：客户在寻求和品牌建立私人关系

大多数客户并非如此。认识到了这一点，你才可以开始着手建立一个更加有效的品牌。培养一个对关系持开放态度的较小客户群，帮助他们建立一个可以敞开心扉交流的朋友圈。与其把钱投入在对你的品牌不感兴趣的人身上，不如用来提升你的产品，创建品牌的独特性，通过自己的洞察力来适应并超前应对客户的需求和动机。

## 错觉13：品牌是调侃出来的

品牌化建设需要有一整套专业知识和有效的流程来支持。品牌的创建是一项艰巨的工作，既涉及智商又牵扯情商。有些手段可以对品牌创建者进行指导，甚至还能开辟出来一条捷径，但它们永远也不应取代"人"这个成功品牌的核心要素。

## 错觉14：对有些业务类型来说，品牌无足轻重

在自由市场经济的各个方面，品牌都扮演着不可或缺的角色。它们有助于企业创造价值、保持竞争优势，而且还受到高度保护。品牌能帮助企业与客户建立起联系并提高客户黏度，而客户对任何企业来说都是利益攸关的命根子。

## 错觉15：好品牌用不着做客户体验

品牌与客户体验息息相关。尽管人们很容易从纯粹的视觉角度来看待品牌，但实际上，品牌是情感和理性联系的独特组合，是我们与其所有互动带来的结果。随着客户变得日趋成熟，对体验越发重视，品牌所有者一直在寻求让客户体验更加独具特色。技术正在

助力这种变化的加速，改变着人们的期望，冲击着成熟的市场，帮助品牌所有者创建簇新的、更具魅力的体验。让客户体验步入正轨真的至关重要。

### 错觉16：品牌只与产品有关

品牌不仅仅是产品本身。一个品牌是由数百项精心设计的活动组成的，为的就是要在客户心中形成一个空间，占据一席之地。品牌比任何单一的产品或服务都重要。它仍然是建立并保持长期竞争优势的最佳方式和不二选择。

### 错觉17：创立品牌易如反掌

创建一个名牌看起来很容易，有时也的确如此。小的贸易商或国内企业家不太可能对这个过程感到过于烦恼，随着商标注册代理的出现，产品注册的烦心事会越来越少。对于大多数其他企业来讲，给品牌起一个响当当的名称才是需要更加认真地对待的。要严加管理，还要核准预期名称是否合法，并考虑是否在文化和语言上具有适用性。如此操作起来比听上去要困难得多。

### 错觉18：品牌只能是消费品

服务项目、B2B公司、慈善机构、体育组织都有品牌。正如大卫·贝克汉姆提醒我们的那样，名人也有品牌。

### 错觉19：做品牌盯着客户就够了

在这个全面品牌化的时代（与客户的每一次互动都会影响到他们对品牌的好恶），不应当只考虑对品牌的外部打造，还应当注重企业内部良好环境的营造。换言之，不要将员工和客户加以区分，两者都有潜力成为品牌的热情拥趸，都对企业成功利害攸关。家和万事兴，要想把外围搞定，首先必须把内部安定下来。

### 错觉20：压根儿就没有品牌忠诚这回事儿

品牌忠诚度的本质已经发生了改变。它要求品牌始终如一地履行承诺，而不是通过所谓的忠诚计划来贿赂消费者。但是作为回报，消费者将成为品牌的拥趸。如今，尽管品牌忠诚度来之不易，但它仍然存在，而且依旧值得你为之付出。

## 请把你的想法告诉我们

正如我们在导言中所说，这些都是我们筛选出来的消费者对品牌的认知误区，我们的观点是对其予以驳斥。如果各位还有其他的认知误区想要分享或加以讨论，或者对书中 20 个错觉有不同见解或补充见地，我们会非常乐于倾听诸位的高见。